TEUBNER *kochen | erleben*

DAS KLEINE BUCH VOM
ÖL

DAS KLEINE BUCH VOM ÖL

Fotos: Matthias Hoffmann, Frauke Koops
Text: Bärbel Schermer

IN DIESEM BUCH

WARENKUNDE 8

Einleitung 7
Nicht nur für Braten und Salat

Speiseöl von nah und fern 8
Feine Öle für die feine Küche

Was ist Öl? 12
Fettsäuren, -begleitstoffe und Ölqualitäten

Die Geschichte der Öle 18
Speiseöle von der Frühzeit bis heute

Moderne Ölgewinnung 26
Von mechanischer Pressung
bis zur modernen Extraktion

Speiseöle von A bis Z 34
Öle im Überblick

Kostbare Gourmet-Öle 54
Exotisch und exquisit

Aroma pur – Ätherische Öle 56
Aromatisieren und Parfümieren

KÜCHENPRAXIS 58

Öl in der Gourmetküche 61
Verwendung und Einsatz

Öle einkaufen und lagern 62
Auswahlkriterien für Einkauf,
Lagerung und Verwendung

Das »klassische« Quartett 70
Vier beliebte Öle für
alle Zubereitungsarten

Mit Ölen kochen wie ein Profi 72
Eignung und Verwendung
von Speiseölen im Überblick

Speiseöle selbst aromatisieren 75
Kräuter- und Aromaöle
aus der eigenen Küche

Saucen und Dips auf Ölbasis 80
Klassiker perfekt zubereitet

Zwischen Mythen, Fakten – *und Geheimnissen*

Was im Öl so alles drin ist 14
Kulturgut durch Jahrtausende: Olivenöl 20
Ölfrucht, Zaubernuss und Glücksbringer 25
Tradition und moderne Ölmüllerei 28
Der Ölbaum und die Götter 36
Gutes Olivenöl hat seinen Preis 41
Grünes Gold – Traubenkernöl 44

Wofür Öl sonst noch gut ist 52
Speiseöle – aromatisch und gesund 68
Was zu einer Vinaigrette gehört 78
Steirische Kürbiskernöl-Kompetenz 98
Erdnussöl – weltweit beliebt 136
Ölgeschmack im Vergleichstest 148
Das ganze Tal duftet nach Rosen 168

REZEPTE 84

Alle Rezepte sind für 4 Personen berechnet, sofern nichts anderes angegeben ist.

Salate, Suppen und Snacks 86
Klassische und ausgefallene Vorspeisen und kleine Gerichte: von Fenchelsuppe mit Zitronenöl-Schaum und Rucolaschaum mit Argan-Wattleseed-Öl über Artischockencarpaccio mit Estragonöl und Glasnudelsalat mit Tamarindenöl bis hin zu Rindsfilet-Tataki mit Sesamölsalsa und Carabinieros in Chorizoöl.

Fisch, Fleisch und Gemüse 122
Pikante Hauptgerichte mit und ohne Fleisch: von Schweinefilet mit Hopfenblütenöl und Wachtelbrüsten in Kamillenöl gegart über Hüttenkäse-Ravioli mit Kaffeeöl und Steinpilzrisotto mit Steinpilzöl bis hin zu confiertem Zander in Erdbeer-Tomaten-Öl und pochiertem Heilbutt in Rosenblütenöl.

Süßspeisen und Gebäck 158
Kalte und warme Desserts: von Rosmarinöl-Creme auf Zwetschgensuppe und Weißer Schoko-Lorbeermousse mit Zitrusfruchtölemulsion über Roseneis mit karamellisierten Pistazien und Topfensoufflé mit Himbeeröl bis hin zu Orangentarte mit Basilikumhollandaise und Aprikosenkuchen mit Marillenöl.

Im Überblick: Welches Öl wozu? 178

Bezugsquellen für Öle 182

Register von A–Z 184

Unsere Spitzenköche 188

Impressum 192

Nicht nur für Braten und Salat

Öle und Fette liefern lebensnotwendige Substanzen – und feinste Aromen für die Gourmetküche. Warum also nicht einfach ganz bewusst gesundes Öl genießen?

GUTES ÖL ist die Basis der feinen Küche, denn ohne Öl geht (fast) gar nichts: Weder Braten noch Salat oder Gemüse sind ohne Fett denkbar, und auch Pasta, Saucen und Ähnliches mehr erhalten durch das richtige (hochwertige) Öl ihren aromatischen Feinschliff.

Öl bzw. Fett ist ein Geschmacksträger im doppelten Sinne, denn es besitzt im besten Falle nicht nur ein gutes Eigenaroma, sondern verstärkt auch das Aroma der Speisen an sich. Wer jemals fettreduzierte Lebensmittel mit ihren fettreicheren »Geschwistern« geschmacklich verglichen hat, kennt den Unterschied.

ÖL – EIN GESUNDER GENUSS

Naturbelassene Speiseöle sind in dieser Hinsicht echte Individualisten: Mit vielfältigen und feinsten Aromanoten verweisen sie raffinierte Öle mit ihrem flachen Aroma auf die hintersten Ränge.

Bestes Öl bzw. Fett verleiht jedoch nicht nur Speisen ein typisches Aroma, sondern liefert dem menschlichen Organismus lebenswichtige Substanzen: Die sog. essenziellen Fettsäuren (S. 13) haben ebenso wie die sog. sekundären Pflanzenstoffe (S. 16) im Stoffwechsel sehr wichtige Funktionen. Was liegt also in Sachen Speiseöl näher, als Genuss und Gesundheit zu vereinen? Wie das geht, zeigen wir Ihnen in diesem Buch ganz genau: Die Warenkunde (S. 8 ff.) liefert einen Überblick über Speiseölsorten und ihre Eigenschaften. In der darauffolgenden Küchenpraxis (S. 50 ff.) erfahren Sie alles Wichtige vom Einkauf bis zur professionellen Verwendung der Öle in der Küche. Und die von ausgesuchten Köchen exklusiv für Sie kreierten Rezepte (S. 84 ff.) laden zum Ausprobieren der Öle ein. Wir wünschen Ihnen viel Vergnügen beim Lesen, Kochen und Genießen!

WARENKUNDE

»Flüssiges Gold« ...

WARENKUNDE

Einführung

Speiseöl von nah und fern

Ob exotisch, mediterran oder heimisch: Wer gerne gut isst, der schätzt Pflanzenöle von ganz verschiedener Herkunft, denn sie bereichern unsere Speisekarte auf wunderbare Weise.

HOCHWERTIGE Speiseöle liegen im Trend – im Gegensatz zu industriell gewonnenen, »neutralen« Ölen. So bringen mediterranes Olivenöl oder Arganöl aus Marokko kulinarische Urlaubserinnerungen in die heimische Küche. Steirische Kernöle und saarländisches Leinöl verführen zu deftigen Genüssen. Diverse Nussöle erobern mit feinsten Aromanoten die Herzen der Gourmets. Und alle versprechen nicht nur höchste Gaumenfreuden, sondern darüber hinaus auch noch positive Gesundheitseffekte.

WER DIE WAHL HAT ...

Die Vielfalt der Öle im Handel ist enorm: Naturbelassene Speiseöle aus Früchten, Nüssen oder Samen buhlen neben industriell raffinierten und aromatisierten Ölen um die Gunst des Käufers. Wer sich nicht auskennt, wird schnell zum Griff nach der falschen Ölflasche verleitet und entsprechend enttäuscht. Denn hochpreisig heißt nicht automatisch »gut« und billig muss nicht gleichbedeutend mit »schlecht« sein.

Das richtige Know-how ist gefragt, vom Einkauf bis zur Verwendung. Doch was versteckt sich hinter »naturbelassen« oder »raffiniert«? Wann darf ich als Verbraucher ein Öl mit typischem Aroma erwarten und wann ist eher mit unscheinbarem Geschmack zu rechnen? Und welche Öle eignen sich wofür?

Kommen Sie mit uns auf eine Reise durch die Welt der Speiseöle, auf der Sie alles Wichtige über das Lebensmittel Öl erfahren, damit sie noch besser kochen und Ihre Speisen noch mehr genießen können.

»Tankstellen« für Gourmetköche

Beliebte Öle sind im Lebensmittelhandel, einige ausgefallene Sorten auch im Reformhaus und Bioladen erhältlich. Öl-Exoten kommen per Onlineshopping zu Ihnen: Die besten Bezugsquellen finden Sie auf Seite 182 zusammengestellt.

TEUBNER Kleine Edition

WARENKUNDE

Was ist Öl?

Was ist Öl?
Und welche Bestandteile bewirken gewünschte oder ungewollte Eigenschaften? Ein kleiner Ausflug in die Chemie des Produkts Öl gibt die Erklärung.

- Öle sind i. d. R. pflanzliche Speicherstoffe von flüssiger Konsistenz.
- Pflanzenöle bestehen aus Glycerin und Fettsäuren.
- Je höher der P/S-Quotient ist, umso wertvoller das Öl.

Fett oder Öl?

Öle (und Fette) sind Stoffwechselprodukte der Pflanze. Pflanzen synthetisieren Fett bzw. Öl als Speicherstoff, um genügend Energie für die Keimung und das Wachstum bereit zu halten. Ob in diesem Zusammenhang von Öl oder Fett gesprochen wird, ist egal, denn der Stoff ist derselbe, nur seine Konsistenz ist unterschiedlich: Definitionsgemäß wird Fett, das bei Zimmertemperatur (24 °C) flüssig ist, als Öl bezeichnet. Wenn ein Öl bei Zimmertemperatur dagegen eine feste Konsistenz aufweist, spricht man von Fett.
Eine besondere Form von Öl ist ätherisches Öl. Im Gegensatz zu den Speiseölen sind ätherische Öle keine »fetten Öle«; Sie bestehen aus vielen verschiedenen chemischen Verbindungen und sind fettlöslich, enthalten jedoch selbst kein Fett.
Ätherische Öle haben einen starken und für die jeweilige Herkunftspflanze typischen Geruch. Sie werden vor allem in der Kosmetik und bei Arzneimitteln eingesetzt, treten aber auch als geschmacksverbessernde Inhaltsstoffe in Gewürzen oder – verdünnt mit Speiseöl (z. B. Mandelöl) – zum Aromatisieren von Speisen in Erscheinung.
Im weiteren Verlauf dieses Buches wird der Begriff Öl synonym für Speiseöl verwendet.

Woraus besteht Speiseöl?

Pflanzenöl, das vor allem in Samen, Nüssen und Keimlingen gespeichert wird, enthält alles, was der pflanzliche Nachwuchs, der Keimling, benötigt: Eiweiß, Kohlenhydrate und Öl. Die Samenfette oder -öle sind in der Regel nach einem einheitlichen Schema aufgebaut: Sie bestehen jeweils aus einem Glycerinmolekül, an das drei Fettsäuren gebunden sind. Physiologisch bedeutsam sind nur die Fettsäuren; das Glycerin ist lediglich so etwas wie ein Transportmittel, denn freie, d. h. ungebundene Fettsäuren sind für den Organismus sehr schädlich.

TEUBNER Kleine Edition

DIE FETTSÄUREN

Fettsäuren können ein sehr unterschiedliches Aussehen aufweisen; vereinfacht kann man sie sich als eine Kette aus verknüpften Kohlenstoffatomen vorstellen. Je nach Länge der Kohlenstoffkette lassen sich kurz-, mittel- und langkettige Fettsäuren unterscheiden: Kurzkettige Fettsäuren besitzen vier bis sechs Kohlenstoffatome (z.B. Butter- und Capronsäure). Mittelkettige Fettsäuren, auch MCT-Fette genannt (engl. middle-chain-triglycerides) weisen nicht mehr als 12 Kohlenstoffatome auf (z.B. Capryl-, Caprin- und Laurinsäure) und langkettige Fettsäuren können aus bis zu 24 Kohlenstoffatomen bestehen (z.B. Myristin-, Palmitin-, Stearin- und Erucasäure).

DER SÄTTIGUNGSGRAD

Besonders wertgebend in Fettsäuren sind »starke« Bindungen (sog. Doppelbindungen) zwischen den Kohlenstoffatomen. Die Anzahl der vorhandenen Doppelbindungen wird dabei im sog. Sättigungsgrad ausgedrückt: **Gesättigte Fettsäuren** (z.B. Butter-, Laurin-, Palmitin- und Stearinsäure) besitzen gar keine Doppelbindungen. Sie kommen vor allem in Kokosfett, Butter, Rinder- und Schweinefett, Schokolade und Backwaren vor. **Ungesättigte Fettsäuren** weisen eine (z.B. Palmitolein- und Ölsäure), zwei (z.B. Linolsäure) oder mehr Doppelbindungen auf (z.B. Arachidon-, Linolen- und Stearidonsäure). Dementsprechend lassen sie sich in einfach ungesättigte und mehrfach ungesättigte Fettsäuren klassifizieren. Da der menschliche Körper sie nicht selbst bilden kann und sie daher mit der Nahrung zugeführt werden müssen, nennt man sie auch **essenzielle Fettsäuren**.

Das Verhältnis von mehrfach ungesättigten Fettsäuren zu gesättigten Fettsäuren (sog. **P/S-Quotient**) in

Naturbelassene Pflanzenöle sind mehr als die Summe ihrer Teile, denn nur in Zusammenarbeit mit den Fettbegleitstoffen entfalten die Fettsäuren ihre volle Wirkkraft.

Was im Öl so alles drin ist

Vor Jahren noch konnte man völlig unbedarft eine Flasche Olivenöl zur Hand nehmen und wusste, dass man damit eine italienische Spezialität vor sich hatte, die – vorausgesetzt das Öl war kalt gepresst und »extra vergine« – nicht nur im Salat schmecken, sondern auch dem kurz gebratenen Saltimbocca ein einmaliges Aroma verleihen würde. Wir machten uns keine Gedanken über Fettsäuren, Phytosterine, fettlösliche Vitamine oder Antioxidantien und ließen es uns schmecken. Diese Unschuld hat uns die moderne Ernährungswissenschaft geraubt und uns dafür mit der Erkenntnis bereichert, dass in der »bösen« Butter keine wertvollen Omega-3-Fettsäuren enthalten sind und nur Olivenöl den drohenden Herzinfarkt verhindert. Aber was genau steckt denn nun in den Fetten und welche Bedeutung haben die Inhaltsstoffe für den Geschmack?

Zunächst einmal gilt es zu unterscheiden zwischen tierischen und pflanzlichen Fetten. Die tierischen Fette wie Butter und Schmalz sind vor allem in der traditionellen Küche wichtig. Neben dem Plus an

Geschmack, die diese Fette liefern, stecken sie aber leider voll gesättigter Fettsäuren und Cholesterin, die als der Gesundheit abträglich gelten. Die gesättigten Fettsäuren bilden lange Molekülketten, die so stabil sind, dass unser Verdauungsapparat sie nur mit Mühe zerkleinern kann. Es sind daher vor allem diese Fette, die sich als Pölsterchen auf unseren Hüften zeigen: Weil sie so schwer verdaulich sind, werden sie einfach zwischengelagert. Ein echter Nachteil, den auch der beachtliche Gehalt an Mineralstoffen und Spurenelementen, den vor allem Butter aufweist, nicht wettzumachen vermag.

MIT ÖL STARK, JUNG UND SCHÖN

In der modernen, leichten Küche werden daher tierische Fette weitgehend durch pflanzliche Öle ersetzt. Ihr größter Vorteil: Sie bestehen überwiegend aus leichter verdaulichen ungesättigten Fettsäuren. Das heißt, die Energie wandert nicht auf die Hüften, sondern direkt ins Blut, wo sie dazu beiträgt, dass wir uns kraftvoll und vital fühlen. Enthalten sind die sogenannten Omega-Fettsäuren als einfach ungesättigte Fettsäuren in Oliven-, Raps- und Erdnussöl, in Nüssen und Avocados. Die mehrfach ungesättigten oder essenziellen Fettsäuren, die unser Körper nicht selbst herstellen kann, bekommen wir, wenn wir einen Seefisch wie Makrele, Hering, Lachs oder Thunfisch verzehren. Noch gesünder wird es, wenn der Fisch in Rapsöl statt in Butter gebraten wurde. Die Omega-3-Fettsäuren, die uns dann im Überfluss zuteil werden, schützen vor Arteriosklerose und senken den Blutfettspiegel.

Wenn man den Erkenntnissen der modernen Ernährungswissenschaft glauben darf, versorgen pflanzliche Fette uns aber

Von Natur aus cholesterinfreies Pflanzenöl verleiht nachweislich mehr Vitalität als tierische Fette.

nicht nur mit der täglichen Energie – sie machen uns zudem jung, schön und gesund. Zu verdanken haben wir all dies den vielen Fettbegleitstoffen, ohne die kein Fett zu haben ist. Mit von der Partie ist meist Vitamin E, das wie die Vitamine A und C als Antioxidans wirkt und der Hautalterung vorbeugen soll. Wichtig sind auch die Phytosterine, die cholesterinsenkend wirken und für Blase und Prostata heilsam sein sollen. In pflanzlichen Ölen ist ihr Anteil relativ hoch. Unnötig zu sagen, dass kalt gepresste Öle raffinierten Produkten vorzuziehen sind, da die Wirkstoffdichte darin am höchsten ist. Und das schmeckt man auch: Machen Sie den Test mit kalt gepresstem Olivenöl erster Güteklasse und tunken Sie zum Vergleich ein Stück Weißbrot in raffiniertes Olivenöl: Ein Verlust an Wirk- und Inhaltsstoffen, der auch den Geschmack beeinträchtigt.

Margarethe Brunner

WARENKUNDE

Was ist Öl?

einem Öl dient landläufig auch zur Charakterisierung seines Speisewertes: Je höher der **P/S-Quotient**, desto wertvoller ist das Öl. Zu den hochwertigsten Ölen für die Ernährung gehören demnach Hagebuttenkernöl (P/S=11), Distelöl (8,3), Hanföl (7,9), Walnussöl (7), Leinöl (6,2), Mohnöl (5,9), Traubenkernöl (5,8) und Sonnenblumenöl (5,4).

FETTBEGLEITSTOFFE

Pflanzenöle enthalten neben den Fettsäuren auch eine Reihe von Fettbegleitstoffen, die sog. **sekundären Pflanzenstoffe**. Sie machen zwar mengenmäßig nur einen winzigen Bruchteil aus, spielen jedoch im Stoffwechsel eine sehr wichtige und vielfältige Rolle. So binden Fettbegleitstoffe als bioaktive Substanzen aggressive Moleküle und machen sie auf diese Weise für den menschlichen Organismus unschädlich (sog. Radikalfänger). Auch stärken sie das Immunsystem und sind an sehr vielen biochemischen Reaktionen im Körper beteiligt. Zu den sekundären Pflanzenstoffen zählen insbesondere Farbstoffe (z.B. Karotinoide, Flavonoide), Spurenelemente, Aromastoffe, Vitamine (z.B. Vitamin E) und Phytosterole.

Öl ist nicht gleich Öl: Gesund oder ungesund?

Die mit der Nahrung aufgenommenen Fettsäuren dienen – je nach Aufbau – unterschiedlichen Zwecken: Je kürzer die Kohlenstoffkette einer Fettsäure ist, desto besser ist ihre Löslichkeit in Wasser und umso kleiner ist das Fettmolekül im Ganzen. Dies hat zur Folge, dass kurz- und mittelkettige gesättigte Fettsäuren sowie einfach ungesättigte Fettsäuren kaum gespeichert, sondern direkt zur Energiegewinnung genutzt werden. Langkettige gesättigte Fettsäuren dienen vor allem dazu, die Stabilität von Zellmembranen zu erhöhen. Die wichtigsten Zellbausteine sind jedoch die mehrfach ungesättigten Fettsäuren (z.B. für den Aufbau von Zellmembranen).

Grundsätzlich gilt: Die Länge der Fettsäuremoleküle und die Anzahl der vorhandenen Doppelbindungen beeinflussen den Gesundheitswert einer Fettsäure entscheidend. Je ungesättigter eine Fettsäure ist, desto reaktionsfreudiger und daher stoffwechselaktiver – und somit gesünder – ist sie. In Maßen genossen dürfen kurz- und mittelkettige Fettsäuren daher als gesund eingestuft werden. Langkettige Fettsäu-

WARENKUNDE
Was ist Öl?

ren sind schwerer verdaulich; für ihre Verdauung braucht der Körper Gallensäure. Geringe Mengen langkettiger Fettsäuren benötigt der Organismus zwar als Baustein für Zellmembranen; der häufige Genuss langkettiger Fettsäuren wird von Ernährungsexperten jedoch nicht empfohlen, da sie das Risiko für Herz-Kreislauf-Erkrankungen erhöhen.

ÖLE MIT »KNICK«

Noch eine Eigenschaft der Fettsäuren entscheidet über »gesund« oder »ungesund«: Ungesättigte Fettsäuren kommen in der Natur fast nur in der sog. Cis-Form vor. Diese **Cis-Fettsäuren** besitzen an der Stelle der Doppelbindung einen Knick in der Kohlenstoffkette. Ähnlich einer Ziehharmonika verleihen diese Knicke der Kohlenstoffkette Elastizität, was sie zum perfekten Baustein für Zellmembrane macht. Dabei gilt: Je länger die Fettsäure und je mehr Doppelbindungen sie hat, umso elastischer ist sie. Genau diese Knicke fehlen jedoch den sog. **Trans-Fettsäuren**, die daher weniger elastisch sind, was wiederum die Funktionstüchtigkeit der Zellmembranen beeinträchtigt. Trans-Fettsäuren sind von Natur aus in geringen Mengen in tierischen Fetten enthalten und werden auch durch technische Prozesse aus den im Öl natürlich vorkommenden Cis-Fettsäuren gebildet, z. B. bei der Fetthärtung.

Eine Ernährung mit reichlich Trans-Fettsäuren zieht schädliche Stoffwechselreaktionen nach sich. Die Trans-Fettsäuren werden im Hinblick auf ihre ernährungsphysiologische Wirkung kontrovers diskutiert: Im Allgemeinen werden sie wie gesättigte Fettsäuren beurteilt, manche Ernährungsexperten stufen sie jedoch sogar als krebsfördernd und -auslösend ein. Sie verstecken sich insbesondere in billigen Pflanzenölen, gehärtetem Fett, Chips, Pommes frites und Backwaren.

Die Geschichte der Öle
Sie beginnt mit dem Sammeln ölhaltiger Samen, die zunächst direkt verzehrt wurden, und setzt sich über die Jahrtausende fort in immer ausgereifteren Techniken der Speiseölgewinnung.

- Eine der ältesten ölliefernden Kulturpflanzen ist Sesam.
- Ölpressen gibt es bereits seit über 5.000 Jahren.

Frühzeitliche Ölsaaten

Die Geschichte des Öls beginnt genau genommen bereits in der Frühsteinzeit, als Jäger und Sammler, die stets auf der Suche waren nach Lebensmitteln, die ersten Ölsaaten entdeckten. Sie trugen entscheidend zur Nahrungssicherung bei den Urmenschen bei, denn ihr hoher Energiegehalt paarte sich mit dem entscheidenden Vorteil, dass sich damit Vorräte anlegen ließen. So waren die Samen von Sonnenblumenkernen, Sesam, Mohn und Leinsamen allein durch das Trocknen in freier Natur und ohne Wissen über die Haltbarmachung von Lebensmitteln länger haltbar als Pflan-

WARENKUNDE
Die Geschichte der Speiseöle

zenwurzeln, Früchte oder tierische Nahrungsmittel und standen auch dann als Nahrung zur Verfügung, wenn Anderes knapp war. So kam es, dass sich neben dem Sammeln ölhaltiger Samen und Kerne mit zunehmender Sesshaftwerdung des Menschen auch der Anbau solcher »Ölfrüchte« etablierte.

Wann jedoch genau ein Mensch erstmals erkannte, dass Samen, Kerne und bestimmte Früchte Öl enthalten, lässt sich genauso wenig feststellen, wie der exakte Beginn der Speiseölgewinnung. Durch Ausgrabungen, alte Schriften und andere wissenschaftliche Methoden belegbar sind jedoch diverse Fakten, die Stationen in der Entwicklung von Methoden zur Ölgewinnung kennzeichnen oder auch die historische Verwendung von Ölen betreffen.

Öl zur Zeit der Pharaonen

Wie zahlreiche Funde in Grabstätten belegen, verwendeten schon die Ägypter zu Zeiten der Pharaonen Sesam-, Oliven- und vermutlich auch Nussöl. Diese Öle waren jedoch nicht nur Lebensmittel, sondern dienten zum Teil auch als Heilmittel (z. B. Sesamöl) sowie zur Hautpflege. Dabei war man sich auch damals schon der Qualitätsunterschiede bewusst: Um z. B. Olivenöl bester Qualität zu erhalten, vermied man es, die Früchte direkt zu pressen. Stattdessen wurden die Oliven in eine Art Korb gelegt, aus dem das Öl durch das Eigengewicht der Früchte tropfenweise herausgepresst wurde und in ein Gefäß fiel (sog. Tropföl). Eine andere Methode war, Oliven mit heißem Wasser zu übergießen und das Öl, das sich auf dem Wasser sammelte, abzuschöpfen. Dieses Öl von (für damalige Verhältnisse) bester Qualität wurde vor allem für die Zubereitung von Opfergaben und für Salbungen verwendet.

Speiseöl im Altertum

Erste richtige Ölpressen soll es bereits um 3.500 v. Chr. auf Kreta gegeben haben. Im minoischen Zeitalter (um 2.400 bis 1.400 v. Chr.) hatte Kreta im Ölhandel eine vorherrschende Stellung. Ausgrabungen förderten in Pylos (Südpeloponnes) 51 Tontafeln zutage, auf denen Liefermenge, Empfänger und Bestimmungsorte von Ölsendungen sowie Qualitätsangaben über das Öl verzeichnet sind. Öl war neben Salz eines der ersten Güter, das über weite Entfernungen gehandelt wurde.

Kulturgut durch Jahrtausende: Olivenöl

Mario Guarini streicht stolz mit der Hand über die Windungen des knorrigen Stamms: »Dieser Baum stand schon in den Tagen des Stauferkaisers Friedrich II. hier.« Dem Anwalt aus altem italienischem Adel sind seine tausendjährigen Olivenbäume auf der Masseria Marzalossa heilig. Das Olivengut mit dem trutzigen Malteserturm liegt im fruchtbaren Hinterland der ehedem griechischen Kolonie Monopoli in Apulien. Die Provinz am Stiefelabsatz wurde so häufig von Sarazenen, Türken und Piraten überfallen, dass apulische Ölbarone im 15. Jahrhundert Ritter aus Malta zur Verteidigung zu Hilfe riefen. Die Wehrtürme der Malteser zeugen noch heute davon.

Nirgends in Italien gibt es mehr alte Olivenbäume als hier. Doch, was sind schon ein paar hundert Jahre im Leben eines Olivenbaums? Der Ölbaum (Oleo europaea) kann bis 2.000-jährig werden. Möglicherweise stammen sogar die steinalten Ölbäume im Garten Gethsemane aus der Zeit von Jesus selbst. Schon damals wurde der Olivenbaum kultiviert, man schätzt, dass er seit 6.000 Jahren angebaut wird. Das Sammeln wilder Oliven reicht noch weiter zurück. Wann genau die Wild- zur Kulturform wurde und woher die wilde Olive stammt, wissen die Götter.

ZUM KOCHEN UNTAUGLICH

Die Heimat des Ölbaums vermuten Botaniker in Syrien, Palästina oder Ägypten. Auf dem Seeweg kam er um 2.500 v. Chr. nach Kreta und in die Ägäis, auf dem Landweg erreichte er Westanatolien und den Peloponnes. Die Griechen besangen die Vorzüge des Olivenbaums in ihren Dichtungen, er galt als heilig, das Fällen als Frevel. Sie verdankten ihm Wohlstand; der Export von Lampenöl machte sie reich. Ab etwa 1.000 v. Chr. führten sie den Ölbaum in ihren Kolonien in Apulien, Sizilien, Kampanien und Kalabrien ein, wo er zunächst in Mischkulturen gedieh. Als Rom Hellas als Weltmacht ablöste, kultivierte man ihn in riesigen Hainen in Umbrien und Kampanien. Plinius und Apicius hielten fest, dass die Römer in Medizin und Küche verschwenderisch von Olivenöl Gebrauch machten. Sie verbreiteten die Olive auch an den Mittelmeerküsten Frankreichs und Spaniens. Wie keine andere Nutzpflanze prägt jene die Landschaft, Küche und Kultur des mediterranen Raums bis heute.

L'Olivier. — Olives, huile d'olives.

Jenseits der Alpen konnte sich Olivenöl gegenüber tierischen Fetten und Ölen aus Ölsaaten nicht durchsetzen. Bis Olivenöl in den Norden transportiert wurde, war es oft ranzig und schlecht, ohnehin sind frühere Olivenölqualitäten nicht mit heutigen vergleichbar. Für medizinische Zwecke, urteilte etwa Hildegard von Bingen, sei Olivenöl sehr nützlich, für kulinarische tauge es nicht. Noch im 17. Jahrhundert fand man die Ölqualität im apulischen Gallipoli so schlecht, dass es die Stadt als Lampenöl verkaufte und so zum wichtigsten Ölhafen im Mittelmeerraum wurde.

DIÄTETISCHER MITTELPUNKT

80 Prozent der weltweiten Olivenölproduktion stammt heute immer noch aus dem Mittelmeerraum, obwohl Seefahrer mit Beginn der Neuzeit Ölbäume auf allen Kontinenten verbreiteten. Die EU fördert heute in Südeuropa die Produktion von Olivenöl als mediterranes Agri-Kulturgut. Produzenten wie Ölbaron Mario Guarini profitieren davon, denn Öle aus den ehemaligen Kolonien Magna Graecias zählen zu den besten überhaupt.

In den letzten 30 Jahren hat sich der Stellenwert von Olivenöl auch nördlich der Alpen zum Positiven gewandelt. Es wurde zum Inbegriff der gesunden Mittelmeerküche, insbesondere der »Kretadiät«. Diese Ernährungsweise basierte auf Verzehrsempfehlungen für Olivenöl in Verbindung mit Gemüse, Obst, Knoblauch, Fisch, wenig Fleisch und etwas Rotwein. Der Leitgedanke dabei war ganz simpel: Die Griechen konsumieren weltweit am meisten Olivenöl pro Kopf, allen voran die Kreter, deren hohes Alter auf ihren hohen Olivenölkonsum zurückgeführt wird.

Ingrid Schindler

WARENKUNDE

Die Geschichte der Speiseöle

Öl in der Antike

Die Griechen waren es auch, die für die Expansion des Olivenbaumes und seine Kultur in den Küstengebieten Süditaliens, Siziliens, Südfrankreichs, Nordafrikas und Kleinasiens sorgten. Außerdem erfanden sie vermutlich die sog. Balkenpresse: Dabei wurden die Oliven in Körbe gefüllt und durch mit Steinen beschwerte Balken sowie gelegentlich auch durch Zugabe von heißem Wasser ausgepresst. Das Öl-Wasser-Gemisch wurde zunächst in unterirdischen Zisternen gesammelt und gelagert, bis sich Fremd- und Schwebestoffe abgesetzt und Öl und Wasser wieder getrennt hatten. Dann wurde die wässrige Phase abgelassen; übrig blieb das sog. Jungfernöl.

Mit der Zeit wurden die antiken Methoden immer weiter entwickelt und die Römer erfanden eine Art Ölmühle: Die Oliven wurden dabei in ein flaches Gefäß gegeben und mit einem zylinderförmigen Stein durch Hin- und Herrollen zerquetscht. Das dabei austretende Öl lief durch eine Rinne ab und wurde aufgefangen.

Erste schriftliche Belege über die Verwendung von Olivenöl zum Kochen und Backen finden sich in historischen Aufzeichnungen über altgriechische Küchenbräuche, die vermutlich von Aristophanes (etwa 428 bis 380 v. Chr.) stammen.

Auch im alten Rom war Olivenöl ein alltägliches Lebensmittel sowohl der Reichen als auch der Armen. Der Bedarf war sogar so hoch, dass er nicht durch Eigenanbau gedeckt werden konnte und daher Olivenöl aus fernen Gegenden, sogar bis aus Spanien und Nordafrika, eingeführt werden musste. Zeugnis über die Mengen an Olivenöl, die damals nach Rom gebracht wurden, legt bis heute der Monte Testaccio ab, ein Hügel in Rom: Er besteht im Wesentlichen aus Scherben antiker Amphoren und anderer Gefäße, mit denen vor allem Öl, Wein und auch

Einst war das Ölpressen noch Knochenarbeit: Der historische Holzschnitt von Jost Amman (1568) zeigt den Ölmacher mit seinen Gehilfen.

Getreide herbeigeschafft wurden. Die ältesten darin gefundenen Scherben stammen von Gefäßen, die zum Transport von Olivenöl aus einer damaligen römischen Provinz im Süden Spaniens benutzt wurden. Auch Sesamöl war im alten Rom bereits bekannt und geschätzt. Umfangreicher Sesamanbau wurde bis ins Mittelalter hinein von den Römern auf Sizilien betrieben.

Die römischen Kolonialherren in der Zeit nach dem Fall Karthagos (146 v. Chr.) verdienten mit Ölhandel Reichtümer. Daher dehnten sie den Olivenanbau im gesamten Mittelmeerraum weiter aus.

Speiseöl im Mittelalter

Währenddessen hatte das Europa nördlich der Alpen lange keine Möglichkeit, Speiseöl aus heimischen Pflanzen im größeren Stil zu produzieren: Der Olivenanbau war aufgrund klimatischer Verhältnisse unmöglich und andere Ölfrüchte oder Samen waren bis dahin in der Landwirtschaft nicht verbreitet.

Etwa um 1.100 n. Chr. ging man dazu über, Öl auch aus Leinsamen zu gewinnen, wie aus Schriften des Mönchs Theophilus hervorgeht. Deutsche Kaiser und Könige, z. B. Karl der Große, förderten den Leinanbau in Mitteleuropa, eigentlich jedoch weniger zum Zwecke der Ölgewinnung denn als faserliefernde Pflanze für die Tuchherstellung. Leinöl etablierte sich jedoch als Nebenprodukt des Leinanbaus mit zunehmender Ausdehnung der Leinenindustrie im 15. und 16. Jahrhundert auch verstärkt in der Verwendung für Speisen. Manches bis heute bekannte Gericht stammt vermutlich aus dieser Zeit, etwa Pellkartoffeln mit Leinöl und Quark.

Darüber hinaus spielte Öl bis ins späte Mittelalter im Haushalt vor allem als Lampenöl eine Rolle. Die Verwendung von Öl in der Küche etablierte sich erst nach und nach.

Bis zu Beginn der industriellen Ölproduktion war Speiseöl ein Frischeprodukt wie Milch, das von regional ansässigen Ölmüllern handwerklich hergestellt wurde. Viele solcher ehemaligen Ölmühlen sind heute gut besuchte Museen.

WARENKUNDE

Die Geschichte der Speiseöle

Im Laufe der Zeit wurden auch die handwerklichen Gerätschaften immer weiter verbessert, um eine möglichst gute Ölausbeute zu erzielen. So waren beispielsweise bereits im Mittelalter Hebel- und Druckpressen oder auch Stampfmühlen im Einsatz. Auch Tiere wurden – ähnlich wie beim Mahlen von Getreide – eingesetzt, um Ölmühlen anzutreiben. Ochsen, Esel und Pferde bewegten die schweren Mühlräder aus Stein oder Eisen zum Zerkleinern der Ölpflanzen bzw. Ölsaaten. Mancherorts mussten sogar Hunde diese Arbeit verrichten. Mit Pressmühlen, die nach dem Prinzip einer riesigen Schraube arbeiteten, wurde anschließend das Öl aus dem Pressgut herausgequetscht. Nach und nach wurde die Technik der – damals noch rein mechanischen – Ölgewinnung jedoch verbessert: vor allem Wasser- oder Windräder übernahmen dabei kraftvolle Arbeiten.

Speiseöl in der Neuzeit

Die Ölgewinnung in größerem Umfang begann insbesondere mit der Entwicklung neuer Antriebstechniken, wie der Dampfmaschine oder der Erfindung der hydraulischen Presse. Immer noch war die Nachfrage nach Öl nicht im Sinne eines Lebensmittels ausgeprägt, sondern wurde zunehmend durch seine Verwendung als Schmiermittel, insbesondere im wachsenden Eisenbahnverkehr, bestimmt. Nur ein kleiner Teil des produzierten Öls wanderte in die Küche – und das obwohl bereits 1869 die Margarine erfunden worden war und Deutschland bereits seit 1888 am Standort Kleve eine größere Margarinefabrik besaß, die Öl als Rohstoff benötigte. Butter, Schmalz und Talg blieben noch lange Zeit die wichtigsten Fette in der menschlichen Ernährung. Erst mit wachsenden Bevölkerungszahlen und der Entstehung von Ballungsräumen wuchs die Bedeutung der Öle für die Ernährung.

Die Nachkriegsjahre beendeten den Aufwärtstrend: Das Image von Margarine und pflanzlichen Ölen, die sich bis dahin als »billige Nahrungsfette« etabliert hatten, sank rapide und gipfelte im Margarine-Butter-Streit der 1980er Jahre. Heute sind sich die ehemaligen Streitparteien, Mediziner wie Ernährungswissenschaftler jedoch darüber einig, dass pflanzliche Speiseöle wertvolle Lebensmittel für eine ausgewogene Ernährung darstellen.

Ölfrucht, Zaubernuss und Glücksbringer

Auf Altbauer Konrads Hof steht ein ausladender Haselstrauch. Er ist schon viele Jahre alt, genau wie sein Besitzer, und dass jemand Ruten aus seinen Ästen schnitt oder Öl aus den Nüssen presste, ist lange her. Als Bauer Konrads Enkel, dem der Hof nun gehört, das Haus modernisierte, sollte die alte Hasel weichen. Das regte Konrad furchtbar auf. Als man ihn fragte, warum, erzählte er die Legende von der Jungfrau Maria, die auf dem Weg zu Elisabeth in ein heftiges Gewitter geriet und unter einem Haselstrauch Schutz fand. »Auch gegen vieles andere Böse, wie Hexen oder Geister, schützt die Hasel; zumindest glaubten wir das früher«, sagt der Greis. Deshalb steckte man Haselzweige unters Dach, vor das Fenster, in die Scheune, den Stall und unters Bett. Auch zeigten Haselsträucher Erdstrahlen und Energiefelder an und sollten Energieströme gut leiten. »Darum funktionieren sie als Blitzableiter«, erklärt er. Schon die keltischen Druiden nutzten die Eigenschaften des Haselstrauchs und verwendeten dessen Holz für Zauberstäbe und Wünschelruten, um Regen zu machen, Wasseradern zu suchen und Strahlen abzuwehren. Noch in Konrads Kindheit pflanzte man ihn vor jedem Bauernhaus und schnitt man Haselruten zum Wünscheln ab. »Hasel- und Walnüsse bringen Glück und machen Mensch und Haustier fruchtbar,« glaubt der ehemalige Bauer. Deshalb streute man sie Brautpaaren auf den Weg oder ließ sie am Abend vor der Hochzeit der Braut vor die Tür poltern. Ließ die Lust nach, half abermals die Haselnuss. Konrad lacht verschmitzt: »Wenn ein Paar in die Haseln ging, wusste man genau, was sie taten.« Ging ein Stammhalter daraus hervor, pflanzten viele Bauern bei dessen Geburt einen Nussbaum, der wie die Hasel den Volksglauben stützte, Schutz vor Blitzschlag zu bieten. Solche potenten Kraftpakete der Natur, aus deren Nüssen man auch in der Küche so vieles Gute machen kann, sollte man keinesfalls fällen.

Ingrid Schindler

Moderne Ölgewinnung

Zwei unterschiedliche Methoden sowie diverse Kombinationsmöglichkeiten führen zum begehrten Speiseöl. Doch was ist besser: mechanisch gepresst oder industriell extrahiert?

- Weltweit werden über 2,7 Mio. Tonnen Speiseöl pro Jahr produziert.
- Mechanische Pressung liefert naturbelassene Öle mit individuellem Charakter.
- Chemisch extrahierte und raffinierte Öle haben uniforme Eigenschaften.

Basis und Rohstoffe

Die Basis zur Speiseölgewinnung bilden Ölpflanzen, d. h. Pflanzen oder Pflanzenteile, die als Speicherorgan für Fett bzw. Öl fungieren (Samen, Kerne, Früchte und Keime). Es gibt drei Arten von Ölpflanzen: Bei den Ölpflanzen im engeren Sinn steht die Ölnutzung im Vordergrund (z. B. Raps, Mohn, Sonnenblume). Ölpflanzen mit Mehrfachnutzung dienen der Ölgewinnung und werden gleichwertig auch als Faserlieferanten (z. B. Lein), Eiweißquelle (z. B. Sojabohne) oder Viehfutter eingesetzt (z. B. Mais). Manche Pflanzen bzw. Pflanzenteile liefern Öl dagegen nur »nebenbei« (z. B. Weintrauben Traubenkernöl).

Ölgewinnungsmethoden

Bei der Ölgewinnung kommt es darauf an, eine möglichst hohe Ausbeute bei möglichst weitgehender Erhaltung der Qualitätsmerkmale eines Öls zu erzielen. Naturbelassene Öle, die nach konventionellen Methoden **kalt gepresst** wurden, weisen zwar alle typischen Merkmale auf, liefern jedoch nicht den maximalen Ertrag. Daher werden heutzutage die meisten Speiseöle durch **Warmpressung** und (chemische) Extraktion gewonnen, was jedoch zu mehr oder weniger geruchs- und geschmacksneutralen Produkten führt, deren natürlicher Charakter kaum mehr erkennbar ist.

MECHANISCHE PRESSUNG

Das Pressgut, z. B. Ölsaaten, wird zunächst mechanisch gereinigt, dann getrocknet, mithilfe großer Walzen zerkleinert und schließlich gepresst. Das hydraulische Pressen wird heutzutage nur mehr in kleineren Ölmühlen angewandt und kann als Vorstufe vor einer Extraktion (sog. Vorpressen) eingesetzt werden oder als alleiniges Verfahren zur Ölge-

winnung (sog. Fertigpressen). Beim Pressvorgang selbst wird das Öl durch behutsam-mechanischen Druck bei relativ niedrigen Temperaturen (40 bis 60 °C) aus dem Pressgut gedrückt (**Kaltpressung**).

Die Öl-Ausbeute variiert je nach Pressdauer, Druck und Wassergehalt des Pressgutes. Im Pressrückstand (sog. Presskuchen) bleibt ein Restölgehalt zurück, der durch anschließende Warmpressung oder Extraktion weiter genutzt werden kann (sog. mehrstufige Ölgewinnung).

Mittels Kaltpressung gewonnene Öle, auch »**native Öle**« genannt, dürfen anschließend lediglich gefiltert und ggf. gewaschen, keinesfalls jedoch chemisch behandelt werden. Gepresst wird entweder in offenen Pressen, die heute nur noch bei der Olivenölgewinnung eine Rolle spielen, oder in geschlossenen Pressen (Kasten-, Trog-, Topf- oder Seiherpressen), die sich vor allem für die Herstellung kleinerer Mengen eignen. In Schneckenpressen, die kontinuierlich arbeiten, kann durch den hohen Pressdruck im Dauerbetrieb die Temperatur auf bis 170 °C steigen. Da der Begriff »Kaltpressung« nicht geschützt ist, darf er (bisher) auch für solchermaßen erzeugtes Öl verwendet werden. Lediglich für Olivenöl existiert eine EU-Richtlinie (S. 64 f.), die das Herstellungsverfahren und die Bezeichnungen festlegt.

WARMPRESSUNG

Bei der Warmpressung sorgen hohe Gewinnungstemperaturen in Kombination mit hohem Pressdruck für eine Ausbeute von bis zu 85 % des im Pressgut enthaltenen Öls. Das Verfahren kann auch Bestandteil einer mehrstufigen Verwertung von Ölpflanzen sein: Ölsaaten werden beispielsweise zunächst häufig kalt gepresst, dann angewärmt und ein zweites Mal gepresst.

Native Öle sind naturbelassene Öle, die aus nicht erwärmten Rohstoffen mechanisch gewonnen und gefiltert oder zentrifugiert wurden. Ihre Haltbarkeit ist sehr begrenzt.

Tradition und moderne Ölmüllerei

An Allerheiligen zeigt sich die Natur im Südwesten Siziliens von einer frühlingshaften Seite. Die Novembersonne scheint mild auf die Olivenhaine von Gianfranco Becchina in den Hügeln von Castelvetrano im Valle del Belice. Hellgrünes, frisches Gras und sattgrüne Kleeteppiche machen sich unter knorrigen Olivenbäumen breit, dazwischen blühen wilde Orchideen, Unkraut und Wildgemüse. An ruhige Tage

Vollreife schwarze Oliven geben zwar das meiste, grüne Früchte aber das geschmackvollere Öl.

ist für den Ölmüller und Kunstexperten jetzt nicht zu denken: Die weit ausladenden Olivenbäume biegen sich vor Früchten und lassen die Mühle auf Hochtouren laufen. Denn der zarte weiße Schimmer auf den grünen Oliven zeige, so Signore Becchina, den idealen Erntezeitpunkt an. Der Kunsthändler, dessen Spezialgebiet die griechisch-römische Antike ist, kennt sich im Ölgeschäft aus. Er ist mit Oliven aufgewachsen, schon sein Vater und Großvater haben in Castelvetrano Öl hergestellt. Die Region ist die Heimat der Nocellara del Belice, die wegen ihres knackigen Fruchtfleischs und Geschmacks sowie ihrer Haltbarkeit als Spitzensorte unter den Tafeloliven gilt. Schon die Griechen, die im 7. Jahrhundert v. Chr. die Hafenstadt Selinunt gründeten, haben im Tal des Belice Oliven kultiviert. Becchinas Gut, die Antica Tenuta dei Principi Pignatelli, liegt nur fünf Kilometer vom Meer und den Tempelanlagen von Selinunt entfernt.

Seit gut 20 Jahren baut Gianfranco Becchina hier selbst Nocellara-Oliven an, aus denen er das sortenreine »Olio verde« gewinnt. Das grüne Öl hat ihm den Ruf eines Pioniers eingebracht, denn er setzte zu Zeiten, als Bauern und Ölmüller grünes Öl bestenfalls für den Privatbedarf herstellten, von der ersten Flasche an auf hochqualitatives Öl aus grünen Oliven, statt auf Profit und Masse. Der passionierte Ölproduzent wartet auch heute nicht mit der Ernte, bis die Oliven im Dezember oder Januar schwarz, ausgereift und maximal ölhaltig sind, sondern nimmt sie grün im Oktober und Anfang November von den Bäumen, wenn sie weniger, aber dafür ein intensives, frisch-fruchtiges Speiseöl ergeben. Dass sich mit schwarzen Oliven ein höherer Gewinn auf Kosten des Geschmacks erzielen lässt, wusste schon Plinius. Der antike Gelehrte stellte fest: »Je reifer die Olive, desto fetter und weniger angenehm ist der Geschmack des Öls.«

Wir begleiten den kunstsinnigen Ölprodu-

zenten am Vormittag zur Ernte in den Olivenhain. Er greift in eine der vollen Olivenkisten und lässt die prallen Früchte durch seine Hände gleiten. Als er ein paar Blätter bemerkt, die sich darunter verirrt haben, winkt er einen der Pflücker herbei und pickt sie heraus. »Je sauberer die Oliven, desto weniger Rückstände hat das Öl.« Manche Müller würden absichtlich die bitteren Blätter mitpressen, damit das Chlorophyll das Öl grün färbt, obwohl es aus schwarzen Oliven besteht.

HANDLESE IST QUALITÄT

Auf Becchinas Plantagen sehen wir uns vergeblich nach Netzen um, wie sie gewöhnlich bei der Ernte aufgespannt oder am Boden ausgelegt werden. Die Landarbeiter stehen hier auf kurzen Leitern und verschwinden halb in den in die Breite getrimmten Bäumen, um sie von Hand zu »melken«, wie Fachleute sagen, und die Oliven behutsam in umgehängte Eimer oder Körbe zu legen. »Weder kämmen, noch schlagen wir die Oliven mit Stöcken vom Baum, wir rütteln und schütteln sie auch nicht mit Elektrorechen herunter«, erläutert Becchina. Das ist bei grünen Oliven auch gar nicht möglich, denn die unreifen Früchte fallen nicht einfach herunter. Außerdem befänden sich in den Netzen mehr Schmutzpartikel, Aststückchen, Blätter sowie Steinchen und Erde, wenn sie am Boden lägen, als bei der Handlese. Hinzu komme, dass die Oliven beim Herunterschlagen beschädigt würden und dann das Herumliegen auf den Netzen zum Oxidieren der Oliven führe, worunter die Ölqualität stark leide.

Gegen vier Uhr nachmittags liefern die Erntehelfer die unversehrten Nocellara-Oliven in der Mühle der Antica Tenuta an. Sie werden noch am selben Tag verarbeitet. »Wenn es sein muss, wird die Nacht durchgearbeitet«, sagt Becchina. Er erinnert sich, wie es früher war: »Die Oliven lagen oft tagelang herum, bevor sie zerquetscht wurden, denn die alten, von Maultieren betriebenen Steinmühlen kamen mit dem Pressen der Olivenmengen gar nicht nach. Die Ernte verlief immer schneller als das Pressen. Als Kind habe ich mich im Winter gern in die Oliven hineingelegt, weil sie so schön wärmten, da sie bereits zu gären begannen.«

ÖL WIE OLIVENSAFT

Von der Verherrlichung alter Zeiten und dem Beharren auf Traditionen hält der 70-Jährige jedoch wenig: »Früher hat man viel schlechteres Öl – gelb, fett und säurehaltiger – produziert als heute.« Seit einigen Jahren presst er die Oliven nicht mehr auf der alten Steinmühle, sondern in einer hochmodernen Chromstahlpresse. Im ersten Arbeitsgang werden die Oliven maschinell gewaschen und ein letztes Mal manuell auf Verunreinigungen kontrolliert, bevor sie in der hermetisch geschlossenen, sauerstofffreien Presse zerquetscht und kalt gepresst werden. Kalt bedeutet, dass je nach Umgebungstemperatur die Temperatur des benötigten Wassers 22 bis 26 °C beträgt. Die Flüssigkeit läuft anschließend durch den Separator, der das Öl vom Wasser trennt. Nach ungefähr 1 bis 2 Stunden sind aus 2.000 bis 2.500 Kilogramm grünen Oliven etwa 250 Liter

Öl entstanden, das trüb und dünnflüssig in die Tanks fließt. »Eigentlich ist dieses Öl ein Olivensaft«, sagt Gianfranco Becchina. »Wir füllen es ungefiltert in die Flaschen und müssen es nicht umsetzen, da sich wegen der Reinheit der Oliven kaum Sedimente ablagern.«

TESTS, TRICKS UND TROPHÄEN

Die Maschine macht einen Höllenlärm, aber in der Halle duftet es herrlich nach dem frisch gepressten Öl. Becchina bietet uns verschiedene Kostproben in Verbindung mit Brot, Fisch, Fleisch, Pasta und Wildgemüse an: In jedem Fall schmeckt das Öl rund, harmonisch und frisch nach Gras, Zitronen und grünen Bananen und hinterlässt auf dem Gaumen eine wunderbare, angenehme Schärfe, ohne im Geringsten im Abgang zu kratzen, zu beißen oder zu kleben. Die klare, fruchtig-pikante Note ist sein Markenzeichen.

Sein überragender Geschmack hat dem Olio verde viel Anerkennung eingebracht. Es gewann den »Öl-Oscar«, wie Gianfranco Becchina die goldene Trophäe der Fancy Food Show in New York bezeichnet. Auf der Anuga in Köln, der internationalen Fachmesse für Food & Beverage, hat es ebenso als bestes Öl überzeugt wie beim Olio-Award in Zürich. Trotz zahlreicher Awards ist der Kunsthändler kein Freund von Tests, da beim Geschäft mit dem Öl nach wie vor gepanscht, falsch etikettiert und getrickst werde. Er nennt ein Beispiel:

»Als in der Toskana vor etwa 20 Jahren ein großer Frost die komplette Olivenernte eines Jahrgangs vernichtete, gab es in den Regalen trotzdem neues toskanisches Olivenöl – es stammte aus Südwestsizilien.« Becchina selbst ist ein gebranntes Kind. Jahrelang kämpfte er gerichtlich gegen einen Nachahmer, der ein nicht zu vergleichendes Öl als »Olio verde« bezeichnete. Heute heißt es »Oliva verde«. Auch, dass Becchina bei den Tests des »Feinschmeckers« nicht mitmacht, hat einen Grund: »Der Feinschmecker« fordert die Flaschen direkt von den Herstellern an, statt sie im Laden zu kaufen. Aber was glauben Sie, wie viele Hersteller lieber das bessere Öl der Konkurrenz in die eigene Flasche fül-

Jedes hochwertige Öl hat eine ganz eigene Note als individuelles Markenzeichen.

len, statt ihr Öl zum Testen zu schicken?« Der Test direkt ab Presse sei deshalb der ehrlichste. In Italien wurde zu diesem Zweck der »Frantoio-Tag« eingeführt, der Tag der offenen Tür der Ölmühlen. Er findet jeweils am 27. November statt. Für Becchina ist der Termin eigentlich zu spät, denn dann steht seine Presse längst still und die Flaschen mit dem neuen Öl sind bereits nach Tokio, New York, Basel und Frankfurt unterwegs.

WARENKUNDE

Moderne Ölgewinnung

Beim **Warmpressen** (S. 27) entstehen jedoch im Öl z. T. ungenießbare und sogar gesundheitsschädliche Stoffe, sodass das Rohöl vor dem Genuss erst noch gereinigt und raffiniert werden muss.

INDUSTRIELLE EXTRAKTION

Etwa 90 % aller im Handel befindlichen Öle werden mittels Extraktion gewonnen. Das Pflanzenmaterial wird dazu zerkleinert und auf 60 bis 70 °C erwärmt. Anschließend werden die Öle mit organischen Lösungsmitteln (z. B. Leichtbenzin) herausgelöst. Das so gewonnene **Rohöl** ist jedoch aufgrund der noch enthaltenen Lösungsmittel zunächst ungenießbar und muss daher vor dem Genuss gereinigt und raffiniert werden. Die Lösungsmittel werden anschließend herausdestilliert.

Ölbearbeitungverfahren

Industriell gewonnene Rohöle werden vor dem Genuss einer Reinigung **(Entschleimung)** und **Raffination** unterzogen. Durch die Raffination werden unerwünschte Ölbegleitstoffe (z. B. Wasser, Farbstoffe, freie Fettsäuren, Schmutzteilchen, Aroma, Rückstände) entfernt. Darüber hinaus können Öle auch physikalisch weiterverarbeitet werden, z. B. mittels Fraktionierung bzw. Winterisierung (siehe S. 33).

RAFFINATION VON ROHÖL

Rohöl enthält Begleitstoffe, die den Verderb des Öls beschleunigen. Bei der Entschleimung, die fast immer bereits in der Ölmühle stattfindet, werden Eiweißstoffe und sog. Phospholipide (z. B. Lecithin) durch Zugabe

Industriell gewonnene Öle sind aufgrund einer besseren Ausbeute in der Regel preiswerter als mechanisch gepresste Öle.

WARENKUNDE
Moderne Ölgewinnung

von Phosphorsäure (Hydrolyse) ausgefällt. Das Öl wird dadurch haltbarer. Freie, d. h. nicht mehr an Glycerin gebundene Fettsäuren, die bei der (industriellen) Herstellung sowie bei der Lagerung entstehen können, verleihen dem Öl je nach Menge und Zusammensetzung unerwünschte Eigenschaften. Im Rahmen der **Entsäuerung** werden sie in der Raffinerie mit Natronlauge neutralisiert und anschließend ausgewaschen.

Damit in der großtechnischen Produktion jede produzierte Charge Öl gleich aussieht, sind in der Regel Farbstoffe im Öl unerwünscht. Sie sind jedoch von Natur aus in Ölen enthalten (z. B. Karotinoide) und werden zum Teil bereits bei der Entschleimung und Entsäuerung entfernt. Weitere Farbverunreinigungen werden in einem speziellen **Bleichvorgang** mit Tonerde oder Aktivkohle entfernt.

Beim Dämpfen von Öl, **Desodorierung** genannt, wird das Öl unter Luftabschluss auf 220 °C erhitzt und mit Wasserdampf vermischt. Dieser nimmt leicht flüchtige Ölbegleitstoffe, die den Geruch und Geschmack beeinflussen, sowie Pestizide oder Extraktionsmittelreste mit. Das Öl wird anschließend abgekühlt.

Am Ende des Raffinationsprozesses steht helles, mildes, reines Speiseöl. Je nachdem, wie aggressiv der Raffinationsprozess war, variiert der Anteil an Trans-Fettsäuren (S. 17) im Öl: Handelsöle können bis zu 17 % Trans-Fettsäuren aufweisen; ihr Anteil liegt in kalt gepressten Pflanzenölen hingegen unter 1 %.

FRAKTIONIERUNG VON ÖL

Um den Gebrauchs- oder Handelswert von Ölen zu verbessern oder auch, um Spezialprodukte herzustellen (z. B. gehärtete Fette für die Margarineherstellung), werden Öle physikalisch in ihre Bausteine zerlegt (sog. Fraktionierung). Die Fraktionierung kann sowohl bei Rohölen als auch bei raffinierten Ölen angewandt werden. Das wichtigste Verfahren zur Fraktionierung ist die **Winterisierung**: Durch langsames Abkühlen der Öle kristallisieren Wachse, die aus den Fruchtschalen von Sonnenblumen- oder Distelsamen stammen, aus und können anschließend aus dem Öl abfiltriert werden. So bleibt das Öl auch bei niedrigen Temperaturen klar, was Verbaucher sehr schätzen, da ausgeflockte Öle irrtümlicherweise häufig als verdorben eingestuft werden.

Speiseöle von A bis Z
Ob aus Früchten, Keimen, Kernen und Samen gepresst oder extrahiert – der Markt bietet eine große Vielfalt von Avocado- bis Zedernussöl, von feinfruchtig bis kräftig nussig.

- Pflanzliche Öle sind von Natur aus cholesterinfrei.
- Man unterscheidet Frucht-, Keim-, Samen- und Kernöle.

Fruchtöle

Aus Früchten gepresste oder extrahierte Öle sind weit verbreitet: Oliven- und Erdnussöl gehören zu den Klassikern in der Küche, Avocadoöl (Bild 1), Erdmandelöl (Bild 2), Kokos- und Palmöl (beide S. 37) sind feinaromatische Exoten.

ERDNUSSÖL

Erdnüsse sind der Rohstoff zur Ölgewinnung durch Pressung oder Extraktion, botanisch gesehen die Hülsenfrüchte eines Strauches, dessen Blütenzweige sich nach der Befruchtung in die Erde bohren. Die Früchte reifen unter der Erde und besitzen eine dünne, brüchige Schale, die zwei Fruchtkerne mit einem Fettgehalt von etwa 50 % aufweisen. Im Handel wird überwiegend neutrales, raffiniertes Erdnussöl (Bild 3) angeboten; kalt gepresstes Erdnussöl hat ein leichtes Erdnussaroma; man erhält es in Spezialgeschäften (z. B. Feinkost). Das nahezu farblose

WARENKUNDE

Speiseöle von A bis Z

Öl ist hoch erhitzbar und reich an Öl- und Linolsäure, enthält aber auch 20 % gesättigte Fettsäuren. Erdnussöl eignet sich zum Braten, Backen, für den Wok und für Salate.

OLIVENÖL

Die Früchte der Oliven- oder Ölbäume werden zwischen Oktober und Februar geerntet; unreife Oliven sind grün, vollreife Oliven sind schwarz, enthalten bis zu 30 % Fett und liefern ein geschmacksintensives Öl. Olivenöl (S. 70, Bild 2) wird überwiegend kalt gepresst, traditionell mit hydraulischen Pressen, zunehmend halten jedoch auch moderne Pressverfahren Einzug. Das Öl enthält über 70 % einfach ungesättigte Fettsäuren (Ölsäure) sowie 11 % mehrfach ungesättigte Fettsäuren (Linol- und Linolensäure).

Der Ölgeschmack variiert je nach Olivensorte: Griechische Koroneiki-Oliven etwa ergeben ein fruchtiges, grüngelbes Öl (für Salate, Fisch), italienische Taggiasca-Oliven liefern ein mildfruchtiges Öl mit geringer Schärfe und Bitterkeit (für Salate, Pilzgerichte) und aus spanischen Picuda- und Hojiblanca-Oliven wird ein goldgelbes Öl mit fruchtigen und grasig-nussigen Noten erzeugt (für Tapas, Schmorgerichte).

Neben den 250 Olivensorten in der EU haben auch Lage und Terrain

(1) AVOCADOÖL (S. 37) hat ein leicht nussiges Aroma und lässt sich vielfältig in der kalten und warmen Küche (z. B. zum Braten) einsetzen.

(2) ERDMANDELÖL (S. 37) passt mit seinem an Mandeln und Nüsse erinnernden Geschmack gut zu Salat, Saucen, Süßspeisen und Gebäck.

(3) Raffiniertes **ERDNUSSÖL** ist bis 230 °C hoch erhitzbar und eignet sich daher sehr gut zum Braten, Grillen und Frittieren.

Der Ölbaum und die Götter

Der Ölbaum ist eine der ältesten und wertvollsten Kulturpflanzen der Menschheit. Seine enorme wirtschaftliche und kulturhistorische Bedeutung, die ihm in allen Hochkulturen des südöstlichen Mittelmeerraums zukam, spiegelt sich in seinem Bezug zur Götterwelt wider. Für die Menschen war der Ölbaum mit seinen Früchten ein göttliches Geschenk, das mit hohen Gütern in Verbindung gebracht wurde: Ob bei den alten Griechen, Römern, Ägyptern oder in biblischer Zeit in der Levante (Syrien, Jordanien, Libanon, Israel, Palästina) – der Ölbaum war ein Symbol für Weisheit, Sieg, Frieden, Reichtum und Glück. Als Symbol für Weisheit und geistige Erhellung sorgte der Ölbaum auch ganz praktisch für Erleuchtung, indem er Brennstoff für die Öllampen der Antike lieferte. Die Griechen verdienten besonders gut am Geschäft mit dem Lampenöl; wie passend, dass der Ölbaum der griechischen Göttin der Weisheit, Pallas Athene, zugeordnet war. Der Sage nach stritten Poseidon und Athene vor dem Rat der Götter im Olymp darüber, wer über Attika herrschen sollte. Es wurde ein Wettstreit beschlossen, den derjenige gewinnen sollte, der den Sterblichen das bessere Geschenk darbringen würde. Der Meeresgott stieß seinen Dreizack in einen Felsen, aus dem eine Quelle entsprang. Athene schlug mit Hilfe ihrer Lanze einen Ölbaum aus dem Boden – und setzte sich mit diesem Geschenk durch. Seither werden siegreiche Athleten in Olympia und in anderen Wettkampfstätten der Hellenen mit Olivenzweigen ausgezeichnet.

In der antiken Welt war Olivenöl kostbar und beliebt: Wenn es in Strömen floss, so bedeutete das Reichtum und Glück, denn nur die Mächtigen, Reichen, Priester, Götter und Könige konnten sich das kostbare Öl in Mengen leisten. Als Symbol des Friedens tritt der Olivenzweig schon im Alten Testament in Erscheinung. Etwa 70 Mal wird in der Bibel der Ölbaum erwähnt, auch im Koran und im Talmud kommt er als religionsübergreifendes Symbol immer wieder vor.

Ingrid Schindler

WARENKUNDE
Speiseöle von A bis Z

Einfluss auf den Ölgeschmack – ähnlich wie beim Wein. Darüber hinaus werden die Olivensorten zur Ölgewinnung auch gemischt.

SOJAÖL

Sojaöl wird durch Pressung (hellgelbes Öl) oder Extraktion (bräunlichgelbes Öl) der Sojabohne gewonnen. Kalt gepresstes Sojaöl ist gekühlt bis 9 Monate haltbar. Der absolut neutrale Geschmack macht es zum universellen Speiseöl. Es eignet sich als Salatöl, zum Dünsten, Braten und Frittieren und wird zur Herstellung von Margarine, Mayonnaise, Schokolade und Backwaren verwendet.

Daneben gibt es auch noch eine Reihe von Fruchtölen, die hierzulande (bisher) nur eine untergeordnete kulinarische Rolle spielen:

Avocadoöl (S. 35, Bild 1) wird aus dem Fruchtfleisch der überreifen Avocado (sog. Butterbirne) kalt gepresst oder zentrifugiert. Es enthält 30 % Fett, das bis zu 85 % ungesättigte Fettsäuren beherbergt. In Guatemala, der ursprünglichen Heimat der Avocadopflanze, verwenden die einheimischen Indianer noch heute überwiegend Avocadoöl zum Kochen. Das dunkelgelbe bis grünliche Öl mit dem leichten Nussaroma eignet sich gut für die kalte und warme Küche (z. B. zum Dünsten und Braten, für Salate und Marinaden).

Erdmandelöl (S. 35, Bild 2), auch Chufa- oder Tigernussöl genannt, wird aus den knollenartigen Verdickungen der unterirdischen Ausläufer der Erdmandelpflanze gepresst. Das goldgelbe Öl ist sehr gut erhitzbar und aufgrund seines hohen Vitamin-E-Gehaltes lange haltbar.

Kokosöl, das Fett der Kokosnuss, wird wegen seiner fast butterartigen Konsistenz auch als Kokosfett oder -butter bezeichnet. Frisches, kaltgepresstes Kokosöl duftet und schmeckt leicht nach Kokosnuss, es wird jedoch schnell ranzig. Raffiniertes Kokosöl weist einen neutralen Geruch und Geschmack auf. Hauptsächlich in der Margarine- und Süßwarenherstellung eingesetzt, eignet es sich auch gut zum Kochen, Braten und Backen.

Palmöl, das vor allem in der afrikanischen und asiatischen Küche Verwendung findet, wird aus dem Fruchtfleisch der Ölpalme gewonnen. Das rote Öl schmeckt neutral und eignet sich besonders gut zum Marinieren von Fleisch, Fisch und Gemüse sowie zum Dünsten, Braten, Frittieren und Backen.

WARENKUNDE

Speiseöle von A bis Z

Keimöle

Zu den wichtigsten Ölen, die aus Pflanzenkeimen gewonnen werden, gehören das Maiskeimöl und das Weizenkeimöl. Eine echte Spezialität ist dagegen das vor allem in den USA und Japan erhältliche raffinierte, hellgelbe bis klare Reiskeimöl (Bild 4), das vorwiegend in der asiatischen Küche eingesetzt wird. Es wird durch Extraktion aus Reiskleie gewonnen, die aus Fruchtwand, Samenschale, Aleuronschicht und Keimling des Reiskorns besteht und beim Schälen (Polieren) des braunen Roh-Reises anfällt. Das häufig auch als Reisöl bezeichnete Produkt wird vor allem in Japan gerne zum Braten verwendet.

MAISKEIMÖL

Maiskeimöl wird aus dem fetthaltigen Keimling von Maiskörnern hergestellt. Kalt gepresstes Öl weist eine goldgelbe bis rötliche Farbe auf. Sein feines, getreideartiges Aroma ist ideal für kalte Speisen (z.B. Salate und Dips) und zum schonenden Garen (z.B. Dünsten). Maiskeimöl ist ein beliebtes Diätöl, da es sich günstig auf den Cholesterinspiegel auswirkt. Außerdem ist es eine häufige Zutat in der Margarineherstellung. Raffiniertes Maiskeimöl eignet sich

(4) **REISKEIMÖL** ist eine Spezialität der asiatischen Küche. Das schwach blumig duftende Öl kann hoch erhitzt werden und ist beliebt zum Braten, für Wokgerichte, Salate sowie zum Frittieren.

(5) Der milde, süß-nussige Geschmack von kalt gepresstem **HASELNUSSÖL** passt gut zu Früchten, Salaten, Teigwaren, Gemüse, Fisch und Käse und wird gerne in der Vollwertküche eingesetzt.

WARENKUNDE
Speiseöle von A bis Z

auch zum Hocherhitzen, wie etwa zum Braten, Backen und Schmoren.

WEIZENKEIMÖL

Der Rohstoff für die Ölgewinnung ist reifer, gedroschener Weizen, bei dem der Keimling vom restlichen Korn getrennt wurde; sein Öl wird mittels Extraktion oder Pressung gewonnen. Bei einem Fettgehalt des Keimlings von 7 bis 11 % ist die Ölausbeute entsprechend gering. Kalt gepresstes Weizenkeimöl hat ein getreideartiges Aroma. Es verträgt keine Hitze und eignet sich daher vor allem für die kalte Küche, z. B. zum Verfeinern von Salaten. Da kalt gepresstes Weizenkeimöl den höchsten natürlichen Vitamin-E-Gehalt unter den pflanzlichen Fetten aufweist, wird es auch als Nahrungsergänzungsöl (z. B. in Gläschenkost für Babys) eingesetzt.

Nussöle

Ihre Vielfalt ist enorm und längst haben sich feine Nussöle, wie Haselnuss- und Macadamianussöl (Bild 5 bzw. 6), Pinienkernöl (Bild 7), Pistazienkernöl (S. 54, Bild 2) oder Walnussöl (S. 55, Bild 4), einen festen Platz in der gehobenen Küche erobert. Doch Vorsicht: Nussallergiker reagieren auch auf Nussöle.

(6) Nicht raffiniertes **MACADAMIANUSSÖL** eignet sich zum Dünsten und Braten. Es bereichert Wok- und Fischgerichte sowie Marinaden und Salate durch sein süßlich-nussiges Aroma.

(7) Aus den Samen der Pinienzapfen gepresst, passt das nussige **PINIENKERNÖL** sehr gut zu Salaten, Fisch, Krustentieren, Muscheln und Steinpilzgerichten. Es eignet sich auch zum Backen.

WARENKUNDE

Speiseöle von A bis Z

ARGANÖL

Zur Ölgewinnung dienen die nussartigen Kerne der reifen Arganfrüchte der Arganie, die im Südwesten Marokkos und in zwei Regionen der Negevwüste in Israel vorkommt. Die zu Boden fallenden reifen Früchte werden gesammelt, getrocknet und der enthaltene Kern geknackt. Er besitzt zwei kleine Samen, die geröstet, gemahlen und ohne chemische Zusätze gepresst werden. Aus 40 bis 50 kg Früchten lässt sich so etwa 1 l Arganöl (S. 54, Bild 1) gewinnen. Seine Fettsäurezusammensetzung ist in etwa vergleichbar mit Erdnussöl.

HASELNUSSÖL

Durch Kalt-, Warmpressung oder Extraktion aus geschälten und häufig gerösteten Haselnüssen gewonnen, beeindruckt das Öl durch nussartigen Geruch und milden, süß-nussigen Geschmack. Haselnussöl (Seite 38, Bild 5) wird leicht ranzig und sollte daher im Kühlschrank aufbewahrt werden. Es eignet sich für Salate, als Butterersatz für Teigwaren, in Kuchen und Feingebäck sowie zum Dünsten von Fisch und Gemüse. Nur raffiniertes Haselnussöl ist hoch erhitzbar und eignet sich auch zum Braten; Profis verwenden jedoch das kostbare kalt gepresste Öl – und das nur zum Würzen.

MANDELÖL

Mandelöl (Bild 8) wird entweder aus blanchierten, enthäuteten Süßmandeln oder aus einer Mischung von Süß- und Bittermandeln hergestellt. Gutes Mandelöl ist klar, blassgelb und dünnflüssig. Es duftet zart nach Marzipan und schmeckt leicht nach Mandel. Mandelöl passt gut zu gebratenem Fisch, Krustentieren, Blattsalat, Tomaten, Spargel, Käse, Früchten und Gebäck. Darüber hinaus wird es zur Herstellung von Kosmetik (z. B. Cremes) verwendet.

(8) Das nach Marzipan duftende **MANDELÖL** eignet sich für die kalte und warme Küche. Es ist besonders beliebt zum Aromatisieren von süßen Gerichten oder auch als Butterersatz für feine Backwaren.

Gutes Olivenöl hat seinen Preis

»Beim Wein achtet man auf Qualität und ist bereit, für eine gute Flasche etwas mehr auszugeben. Bei Olivenöl dagegen schmerzen Preise zwischen 15 und 20 Euro sehr, obwohl man nicht nur einen Abend lang etwas davon hat.« Gianfranco Becchina, Olivenöl-Produzent auf Sizilien, rechnet vor, wie viel gutes Öl kosten muss. Überschlägt man alle Kostenpunkte von der Pflege der Bäume über Ernte, Transport, Pressung, Abfüllung, Lagerhaltung, Materialbeschaffung bis zu Vertrieb und Versand, kommt man auf rund 10 Euro für die 0,5-Liter-Flasche, die Margen des Zwischen- und Einzelhandels noch

nicht eingerechnet, geschweige denn preistreibende Faktoren für handgeerntete und -verlesene Spitzenqualitäten.
Die Olivenöl-Experten der Zeitschrift FEINSCHMECKER kommen auf ähnliche Beträge und stellen fest, dass man für 3 Euro Ladenpreis pro 0,5 oder 0,75 l Öl kein gutes, kalt gepresstes Olivenöl produzieren kann. Auch wenn es als »extra nativ« oder »extra vergine« deklariert ist, handelt es sich in der Regel um ein Öl, das den Kauf nicht wert ist, nicht selten fett, ranzig, bitter schmeckt und im Abgang kratzt und klebt – es sei denn, es wurde chemisch »neutralisiert«.
Ohne Angabe des Produzenten, Erntejahrs, der Region und Ölkategorie auf dem Etikett kann ein Olivenöl vieles sein: etwa eine Mischung verschiedener Ölqualitäten aus diversen Mühlen, Jahrgängen und Ländern oder ein Verschnitt mit anderen Ölen. Namen, Logos, Bildchen oder Abfüllerangaben suggerieren dabei eine Herkunft, die nicht den Tatsachen entspricht. So kann beispielsweise ein Billigöl aus verunreinigten, überreifen Oliven aus Tunesien letztendlich als toskanisches Olivenöl erster Güte zum konkurrenzlos günstigen Preis beim Discounter im Regal landen.
Der beste Indikator für die Qualität ist deshalb nach Nase und Gaumen, die in der Praxis eher selten zum Zug kommen, immer noch der Preis. Dennoch: Nicht immer garantiert ein besonders hoher Preis auch beste Olivenölqualität.

Ingrid Schindler

WARENKUNDE

Speiseöle von A bis Z

PEKANNUSSÖL

Das typische amerikanische Erzeugnis wird durch Kaltpressung oder Extraktion aus der Pekan- oder Hickorynuss hergestellt, ist mild im Geschmack und duftet nach Walnuss und Mandel. Das strohgelbe Öl passt gut zu Reis, Fisch, Schalentieren, Salaten und Süßspeisen.

SONSTIGE NUSSÖLE

Weitere Nussöle, wie auch das Paranussöl (Bild 9), haben eher regional begrenzte Bedeutung: **Babassunussöl** wird aus den Nüssen der in Brasilien und Mexiko kultivierten Babassupalme gewonnen und in den Anbauländern als Speiseöl konsumiert. Das farblose bis hellgelbe Öl hat ähnliche Eigenschaften wie Kokosöl und schmeckt mild kokosartig.

Scha Inchi-Öl, auch als Inka-Erdnuss-Öl bezeichnet, wird aus den aus Wildsammlung stammenden Inka-Erdnüssen des Amazonasgebiets kaltgepresst. Es ist von goldgelber Farbe, hat einen leicht nussigen Geruch und Geschmack und eignet sich vor allem für die kalte Küche.

Zedernnussöl wird durch Kaltpressung aus den Kernen der »Sibirischen Zeder« gewonnen, die in der Taiga und im Altaigebirge wächst. Das blassgoldene Öl hat ein würziges Nussaroma und passt gut zu Salat, Rohkost, Früchten und Geflügel. Zedernnussöl eignet sich für die kalte Küche ebenso wie zum Kochen oder Backen, nur zum Braten sollte man es nicht verwenden.

Samen- und Kernöle

Aufwändige, zum Teil nicht maschinell erledigbare Herstellungstechniken, bringen hocharomatische sortentypische Öle hervor, die die Küche bereichern. Neben den hier vorgestellten Ölen gehören auch

(9) PARANUSSÖL, durch Pressung oder Extraktion aus geschälten Paranüssen gewonnen, riecht süßlich-nussig und ist in Brasilien ein alltägliches Speiseöl.

WARENKUNDE
Speiseöle von A bis Z

Bucheckernöl (S. 55, Bild 3), Distelöl (S. 70, Bild 1), Rapsöl (S. 71, Bild 3) und Traubenkernöl (S. 71, Bild 4) zu den beliebten Samen- und Kernölen.

APRIKOSENKERNÖL

Das ausgefallene Öl (Bild 10), das auch als Marillenkernöl im Handel zu finden ist, wird aus der inneren Mandel der Aprikosenkerne durch Kaltpressung gewonnen. Das Öl erinnert im Geruch an Mandeln und Marzipan und weist ein feinfruchtiges Aroma mit Marzipannote auf.

HANFÖL

Hanföl wird aus den Samen der Hanfpflanze kalt gepresst. Diese enthalten – im Gegensatz zum Harz der Pflanze – keine nennenswerten Mengen an THC (Tetrahydrocannabinol) und haben daher keine Rauschwirkung; gleiches gilt für Öl.

Hanföl ist ein sehr wertvolles Öl, da es als einziges Speiseöl die essenzielle Gamma-Linolensäure enthält. Das grün bis braun gefärbte Hanföl besitzt einen feinen Geruch, der an Heu erinnert und eine leicht fruchtige Note trägt. Es schmeckt nussig bis kräuterartig und eignet sich für die kalte Küche oder zum Dünsten, aber nicht zum starken Erhitzen.

(10) Kalt gepresstes **APRIKOSENKERNÖL** eignet sich zum Aromatisieren von Saucen, Marinaden, Salaten und Desserts und wird auch im Konditoreibereich verwendet.

KÜRBISKERNÖL

Kürbiskernöl wird aus den geschälten oder ungeschälten Samen des Ölkürbisses durch Kalt- oder Warmpressung hergestellt. In der Steiermark werden die Samen vor dem Schälen geröstet; als sog. Steirisches Kürbiskernöl g.g.A. (geschützte geografische Angabe) trägt es eine Herkunftsbezeichnung mit Regionenschutz. Das sattgrüne, stark nussig schmeckende Öl sollte nicht erhitzt werden. Es eignet sich für Salate, Fondue, Kräutersaucen, Gemüse, Reis oder Nudeln.

Grünes Gold – Traubenkernöl

»Das ist Gold, grünes Gold!« Der Winzer und Önologe Heini Haubensak greift in die Kiste mit den rotbraunen Traubenkernen und lässt eine Handvoll davon durch seine Finger rieseln. Was auf anderen Weingütern als Abfall entsorgt wird oder als Dünger unter den Rebstöcken landet, betrachtet der Rheintaler Nebenerwerbsölproduzent als wertvollen Rohstoff.

»An den harten Kernen habe ich mir anfangs die Zähne ausgebissen«, erzählt Haubensak. Zunächst einmal müssen die winzigen Traubenkerne aus den Pressrückständen, die beim Weinkeltern anfallen, ausgesiebt werden und trocknen. Anschließend werden Haut- und Stängelreste ausgeblasen. Eine Schneckenpresse zerquetscht und zermalmt die harten Kerne, das austretende, leicht trübe gold-grüne Öl fließt ungefiltert in die Flaschen.

»Das Pressen war das größte Problem«, sagt Haubensak, denn »es braucht ungeheuren Druck, um das Öl aus den kleinen harten Kernen herauszubekommen.« Viel ist es ohnehin nicht, was der kleine Traubenkern an Öl hergibt: Man benötigt bis zu 250 Kilogramm Kerne für einen Liter Öl. »Aber davon haben Winzer ja mehr als genug. An der Rohware scheitert es nicht, vielmehr an der aufwändigen Prozedur und der geringen Ausbeute«, so Haubensak, der mit gut ausgereiften roten Trauben der Sorte Blauburgunder die besten Erfahrungen gemacht hat.

Mehr Öl lässt sich den harten Kernen auf einfachere Weise chemisch mittels Hexan entziehen, was allerdings die Reinigung und Raffination des Öls erfordert und auf Kosten von Aroma, Geschmack und Vitalstoffen geht. Gerade deswegen ist das kalt gepresste Öl jedoch so wertvoll: Sein ausgesprochen hoher Anteil an ungesättigten Fettsäuren, Vitaminen und vor allem Procyanidin, ein Antioxidans, das in keinem anderen Öl enthalten ist und 50 Mal stärker als Radikalfänger wirkt als Vitamin E, machen es zu einer Art Wundermittel für Herz und Haut. Köche schätzen das Öl zudem wegen seines hohen Rauchpunkts und des Geschmacks, der an Trauben, Grappa, Butter, reife Banane und Nuss erinnert, während das hellgelbe, raffinierte Traubenkernöl geschmacklos ist.

Nach dem II. Weltkrieg nahm in Deutschland, Österreich und der Schweiz niemand mehr Mittel und Mühe auf sich, die kleinen Kerne aufzuspalten und kalt zu pressen. Im Handel war nur billiges, industriell raffiniertes Traubenkernöl meist französischer Herkunft zu finden, Kalt gepresstes Öl gab es bestenfalls für den Privatgebrauch, denn es war zu teuer und sein wirtschaftlicher Nutzen zu gering.

RENNAISSANCE BEIM WINZER

Einer der ersten, der sich erwerbstechnisch wieder auf die handwerkliche Ölmüllerei besann, war Marcus Hartmann, der 1988 als 18-jähriger Bauernsohn auf dem elterlichen Hof bei Augsburg mit dem Pressen heimischer Ölsaaten begann. Die Renaissance des Traubenkerns hat jedoch der Weinpublizist Winfried Heinen in Gang gebracht, der 1998 eine Ölmühle in Trittenheim an der Mosel in Betrieb nahm und Pionierarbeit nicht nur in punkto Traubenkernöl, sondern auch in Bezug auf Trestermehl geleistet hat. Die größte Anlage zur Verwertung von Traubentrester steht heute in Ilbesheim in der Pfalz, wo die Firma Timrott zigtausend Tonnen Traubentrester im Jahr zu Öl, Mehl, Dünger u. Ä. verarbeitet.

Immer mehr Bauern und Ölmüller stellen mittlerweile kalt gepresste Öle aus heimischen Ölsaaten, Nüssen, Früchten und Trester her, und Winzer, ob nun an der

Eine aufwändige Prozedur und die geringe Ausbeute ließen das Öl fast in Vergessenheit geraten.

Mosel, Rhône oder am Rhein, zeigen sich gegenüber den Nischen- bzw. Abfallprodukten aus der Rebe aufgeschlossen. Für Heini Haubensak hat der kraftvolle Traubenkern seine große Karriere aber noch vor sich – und das längst nicht nur in der Küche, sondern auch in der Kosmetik und Medizin, wo er ja auch schon im alten Ägypten und Rom einen bedeutenden Platz eingenommen hatte.

Ingrid Schindler

WARENKUNDE

Speiseöle von A bis Z

LEINSAMENÖL

Das Öl wird aus den reifen Samen von Flachs gewonnen und auch Leinöl genannt. Als Rohleinöl (rohes Leinöl) bezeichnet man Leinöl, dem keine anderen Öle oder sonstigen Stoffe zugesetzt sind. Neben dem Flachs werden auch andere Lein-Arten der Gattung Linum zur Ölgewinnung verwendet. Kalt gepresstes Öl ist goldgelb bis gelbgrün, warm gepresstes gelb-braun und raffiniertes Öl hellgelb. Auf Grund seines hohen Linolsäuregehaltes verändert sich sein leicht nussiger und heuartiger Geschmack rasch und wird kratzig-bitter. Daher sollte man stets nur kleine, verwertbare Mengen kaufen (Haltbarkeit 4 bis 8 Wochen). In der Lausitz und in Schlesien wird Leinöl in milchhaltigen Speisen wie Quark mit Kartoffeln, Gurkensalat oder saurem Hering in Sahnesauce verwendet. Leinöl eignet sich auch gut für Salate oder deftige Rohkost und wird gelegentlich auch zum Kochen und Braten eingesetzt.

MOHNÖL

Das Öl (Bild 11) wird aus den reifen Samen des Schlaf- oder Gartenmohns durch Kalt- oder Warmpressung gewonnen. Da es allerdings nicht über 170 °C erhitzt werden soll, ist es zum Braten und Backen nur bedingt geeignet.

(11) Das intensiv nussig schmeckende **MOHNÖL** passt gut zu Salaten, Rohkost, Käse, Süßspeisen (vor allem mit Mohn) und Müsli.

(12) Dunkles **SESAMÖL** dient zum Kochen, Braten, Pfannenrühren, Frittieren und Räuchern von Fleisch, Fisch, Gemüse und Sojaprodukten.

WARENKUNDE
Speiseöle von A bis Z

SESAMÖL

Das Öl (Bild 12) wird aus ungerösteten (goldgelbes Öl) oder gerösteten Sesamsamen (braunes Öl) gewonnen. Braunes Sesamöl weist zudem einen typischen, popcornartigen Geruch auf. Dunkles Sesamöl ist ein traditionelles Würzmittel in der asiatischen Küche, dient aber auch zum Kochen, Braten (Pfannenrühren), Frittieren, Rösten und Räuchern von Fleisch, Fisch, Gemüse und Sojaprodukten. Orientalisches Sesamöl aus geschälten Samen ist in Japan ein Würzöl für Tempura.

SONNENBLUMENÖL

Das Öl (Bild 13) wird durch Kalt- oder Warmpressung der reifen, teilweise auch geschälten und gemahlenen Samen oder auch durch Extraktion gewonnen. Kalt gepresstes Öl ist hellgelb, warmgepresstes rotgelb. Extrahiertes Öl wird in der Regel raffiniert und hat eine klare hellgelbe Farbe. Das fast geruchlose, aromatische, nussige Öl hat eine leichte Röstnote. Das kalt gepresste Öl sollte nicht erhitzt werden und passt ausgezeichnet in die kalte Küche. Sonnenblumenöl ist nach dem Distelöl das biologisch wertvollste, da es reichlich ungesättigte Linolsäure

(13) **SONNENBLUMENÖL** ist zwar fast geruchlos, schmeckt aber aromatisch nussig und eignet sich sehr gut für Salate, Rohkost, Dips, Mayonnaise und Marinaden.

enthält. Dies und der milde Geschmack machen das hellgelbe Öl zu einem begehrten Rohstoff für die Margarineherstellung. Im Handel wird auch Öl aus sog. HO-Sonnenblumen (High Oleic-Sonnenblumen) angeboten. Bei dieser Sorte wurde durch konventionelle Züchtung der Anteil von Ölsäure erhöht und der Anteil mehrfach ungesättigter Fettsäuren gesenkt. High-Oleic-Sonnenblumenöl hat damit eine ähnliche Zusammensetzung wie Olivenöl. Dadurch soll eine höhere Hitzestabilität gewährleistet werden.

TEUBNER Kleine Edition

WARENKUNDE

Speiseöle von A bis Z

SONSTIGE KERN- & SAMENÖLE

Die bereits vorgestellten Samen- und Kernöle lassen sich zudem um einige unbekanntere Öle ergänzen:

Ackersenföl wird aus den reifen Samen des Ackersenfs kalt gepresst. Das farblose bis hellgelbe Öl riecht mild und besitzt einen nussig-scharfen Geschmack. Das verdauungsfördernde Öl wird vor allem als Würze in der indischen Küche eingesetzt.

Baumwollsamenöl wird durch Pressung aus in der Baumwollindustrie als Abfall anfallenden Baumwollsamen gewonnen. Das unbearbeitete Öl, Cottonöl genannt, ist rotbraun bis schwarz, raffiniertes Öl hat eine gelbe Farbe, schmeckt nussig und riecht erdartig. Aus diesem Öl wird in heißen Ländern und in den USA Margarine (»Crisco«) hergestellt, die auch bei tropischen Temperaturen nicht so schnell ranzig wird.

Das dunkelgrüne **Brennnesselsamenöl** wird aus den Minisamen der Brennnessel durch Kaltpressung gewonnen. Es besitzt ein intensives angenehmes Aroma nach Gräsern, Früchten und Heu.

Fenchelöl, nicht zu verwechseln mit dem ätherischen Fenchelöl, wird aus den Samen kalt gepresst. Ein intensiv duftendes, hoch konzentriertes Salatöl, das pur tropfenweise dosiert werden muss und sich auch gut mit anderen Ölen mischen lässt.

Hagebuttenkernöl (Bild 14) wird aus den kleinen, harten Samen der Hagebutten von wild wachsenden Rosensträuchern durch Pressung oder Extraktion und Raffination gewonnen (sog. Wildrosenöl).

Koriandersamenöl wird aus Koriandersamen durch Pressung oder Extraktion gewonnen. Das farblose bis blaßgelbe Öl riecht würzig-süß mit leichter Limettennote und schmeckt angenehm nussig mit

(14) HAGEBUTTENKERNÖL, nicht zu verwechseln mit ätherischem Rosenöl, riecht leicht floral und eignet sich solo oder in Mischung mit anderen Ölen für Salate und Gemüse.

WARENKUNDE
Speiseöle von A bis Z

orangenartiger Note. Es wird von einigen Völkern Afrikas und Lateinamerikas zum Würzen von Gemüse, Saucen und Süßwaren verwendet.

Das bereits bei den Kelten beliebte **Leindotteröl** (Bild 15) wird aus den Samen der Leindotterpflanze gepresst. Es weist einen erbsigen Geschmack auf, sein Geruch erinnert an frisch gemähten Löwenzahn.

Das dunkelgelbe bis bräunliche **Madiaöl** wird aus den Samen der vor allem in Chile angebauten Ölmadie durch Pressung hergestellt. Kalt gepresstes Madiaöl hat einen leicht nussigen Geschmack und ist in Chile aufgrund seiner langen Haltbarkeit ein beliebtes Speiseöl.

Mariendistelöl, aus den Samen der Mariendistel gewonnen, hat einen milden und reinen Geschmack, der es vor allem für Salate und warme Gerichte empfiehlt. Mariendistelöl eignet sich besonders gut als Speiseöl bei Verdauungsbeschwerden.

Das dunkelgelbe **Marulaöl** mit dem fruchtig-süßen bis holzigen Aroma wird aus den Kernen der Früchte des Marulabaums gewonnen. Das vor allem in Afrika beliebte Öl eignet sich zum Braten und Backen.

Das blassgelbe **Nachtkerzenöl** mit dem schwach nussigen Aroma wird durch Extraktion aus den winzigen Samen der Nachtkerze gewonnen. Man verwendet das gamma-linolensäurereiche Öl meist in Mischung mit anderen Ölen (z. B. Rapsöl) für Salate oder Gemüse.

Das hellgelbe **Nigeröl** wird aus den Samen der Nigerpflanze (Ramtillkraut) gepresst und weist einen leicht nussigen Geschmack auf. Das linolsäurereiche Öl wird gerne als Ersatz für Olivenöl und zum Strecken sehr teurer Öle genutzt. Auch kommt es häufig als Mischung mit Leinöl in den Handel.

(15) **LEINDOTTERÖL**, nicht zu verwechseln mit Leinsamenöl (S. 46), passt ideal in die kalte Küche und wird vor allem für Rohkost und Salate verwendet.

TEUBNER Kleine Edition **49**

WARENKUNDE

Speiseöle von A bis Z

(16) **PERILLAÖL** hat den höchsten Jodgehalt aller derzeit bekannten Pflanzenöle. Das in Japan und China beliebte Öl wird vor allem für Tempurazubereitungen verwendet.

Kalt gepresst aus den Samen der Perilla, auch Schwarznessel oder Chinesische Melisse genannt, weist das **Perillaöl** (Bild 16) einen Gehalt von bis zu 60 % Linolensäure auf. In Japan zählt es zu den beliebtesten Speiseölen (Tempura), in China ist es seit 2.000 Jahren in der traditionellen Medizin verankert. Es enthält einen enormen Anteil Alpha-Linolensäure und durch seinen hohen Vitamin-E-Gehalt ist es lange haltbar. Das gelbe Perillaöl, das hierzulande auch als Shisoöl gehandelt wird, riecht muffig-herb und leicht säuerlich. Der Geschmack ähnelt Leinöl, hat jedoch auch zimt- oder süßholzartige Anklänge.

Senföl, aus den Samenkörnern des Schwarzen Senfs gewonnen, ist zwar typisch für die indische und bengalische Küche, jedoch nicht uneingeschränkt zu empfehlen, da im rohen oder ungenügend erhitzten Senföl gesundheitsschädliche Stoffe (z. B. Erucasäure) enthalten sind. In Indien wird Senföl beim Kochen kurz und sehr stark bis zum Rauchpunkt erhitzt, wodurch die Gesundheitsgefahr minimal wird. In der EU und in den USA darf Senföl nur dann als Lebensmittel auf den Markt gebracht werden, wenn der Erucasäureanteil unter 5 % liegt.

Teesamenöl, aus den Kernen der Teestrauch–Früchte durch Pressung oder Extraktion und Raffination gewonnen (sog. Cameliakernöl), wird im südostasiatischen Raum traditionell als Speiseöl verwendet. Prinzipiell könnte es jedoch wie Olivenöl eingesetzt werden.

Tomatenkernöl wird aus getrockneten Tomatenkernen durch Kaltpressung oder Extraktion gewonnen. Das goldgelbe bis orangefarbene Öl ist sehr fruchtig, reich an ungesättig-

WARENKUNDE
Speiseöle von A bis Z

ten Fettsäuren und besonders geeignet für Salate und Vorspeisen. Es findet bisher insbesondere in der steirischen Küche Verwendung.

Wassermelonenkernöl (sog. Ootangaöl) wird aus den Kernen spezieller, ursprünglich in Afrika und Asien heimischer Wassermelonenarten extrahiert. Es hat eine hohen Mineralstoffgehalt und wird als Diät- und Salatöl verwendet.

Kräuter- und Aromaöle

Neben reinen Pflanzenölen gibt es im Handel auch eine große Vielfalt an Kräuter- und Gewürzölen sowie diverse aromatisierte Öle. Insbesondere Kräuter- und Gewürzöle sind leicht selbst herzustellen (S. 75 ff.) und bereichern die Küche durch intensive Aromen.

Im Handel angebotene Kräuter- und Gewürzöle sind meist Speiseöle, die mit natürlichen Kräuteraromen (sog. Direktöl) oder mit natürlichen Gewürzauszügen (z.B. Gewürzöl) bzw. Extrakten (z.B. Knoblauchöl) versetzt sind. Gelegentlich finden sich auch kalt gepresste Öle, die direkt mit frischen Kräutern versetzt wurden, z.B. Weizengrasöl, dessen Aroma an eine frisch gemähte Wiese erinnert und das zum Verfeinern von pikanten und süßen Salaten ideal ist. Zu den beliebtesten Kräuterölen gehören Rosmarin-, Basilikum- und Bärlauchöl. Unter den Gewürzölen sind Chili-, Knoblauch- und Limettenöl die Spitzenreiter. In der Gruppe der aromatisierten Öle finden sich Spezialitäten wie Steinpilz- oder Trüffelöl (Letzteres meist aus nativem Olivenöl extra und Trüffelaroma hergestellt, Bild 17) sowie Rauch- oder Grillöl (aus Sonnenblumenöl, natürlichem Raucharoma und Gewürzen hergestellt).

(17) TRÜFFELÖL eignet sich für Saucen, Vorspeisen, Nudeln, Reis- und Eiergerichte. Das Öl nicht mitkochen, da es unter Hitzeeinfluss sehr schnell sein Aroma verliert.

Wofür Öl sonst noch gut ist

Von wegen nur in Salatschüssel, Bratpfanne und Badewanne! Pflanzenöle werden äußerst breit genutzt. Erinnern Sie sich zum Beispiel an die kultigen Werbespots der Siebziger, als Klementine uns Waschpulver ans Herz legte, ein blondes Mädchen Margarine schmackhaft machte und Tante Tilly Geschirrspülmittel als beste Handpflege anpries? Tante Tilly wusste Rat gegen rauhe Spülhände: »Nehmen Sie denn nicht das neue Palmolive? Sie baden gerade ihre Hände darin.«

1864 kreierte die B. J. Johnson Soap Company eine Seife namens Palmolive, die auf Palm- und Olivenöl basierte. Die Seife

Egal ob Lebensmittelbranche, Kosmetik oder Schmierölindustrie: Alle brauchen Öle.

wurde so beliebt und berühmt, dass sich das Unternehmen nach ihr umbenannte. 100 Jahre später wurde Palmolive zum Synonym für Geschirrspülmittel. Was das mit Pflanzenöl zu tun hat? Viel, denn Öle und daraus abgeleitete Lezithine, Glyzerine oder Tenside sind in vielen Alltagsprodukten enthalten. Sie verstecken sich in Seifen, Putz-, Wasch-, Spülmitteln, Farben, Lack oder Linoleum. Mit Pflanzenöl pflegt man Holzmöbel, Parkett und Leder, schützt man Scheren und Messer vor Rost, bewahrt man Ölbilder vor dem Verfall, und als es noch keine Glühbirnen gab, verwendete man Oliven-, Mandel- oder Rapsöl als Brennstoff für Öllampen.

HÄUFIG GUT VERSTECKT

Öl lassen wir ganz nah an uns heran, aber nur zum kleinen Teil in sichtbarer Form. Denn im Gegensatz zu Sonnen-, Bade- oder Körperöl sieht man den meisten Beautyprodukten ihren Ölanteil nicht an. Oliven-, Mandel-, Weizenkeim-, Traubenkern- und andere Öle sind in der Kosmetik nicht nur im Spiel, weil sie die Haut verwöhnen und geschmeidig machen, sondern weil sie als Emulgatoren gefragt sind. Deshalb sind Maiskeim-, Mohn-, Mandel- oder Erdnussöl sowie ihre Derivate auch für die Herstellung von Salben, Packungen, Pflastern, Pillen und Kapseln nötig.

Apropos Kapseln: Nur in Verbindung mit Öl bzw. Fettsäuren kann der Körper fettlösliche Vitamine aufnehmen. Deshalb »verpackt« man die betreffenden Vitamine A, E, D und K in ölhaltige Kapseln. Beim Essen nimmt man überhaupt weit mehr Öl zu sich, als man sich bewusst ist. Denn Kokos-, Raps-, Palm-, Soja- und andere gebräuchliche Öle in der Küche verstecken sich in flüssiger, halbfester oder fester gehärteter Form in vielen industriell hergestellten Backwaren, Süßigkeiten, Fertiggerichten und Saucen, allen voran der Mayonnaise, die im Wesentlichen aus Ei und Öl besteht. Selbst viele Schokoladen sind nicht frei von Öl; abgesehen vom Grundstoff Kakaobutter beinhalten sie Sojalezithin, das der Schokolade Aroma und die cremige Konsistenz beim Zergehen im Mund verleiht. Bei Kakaoglasuren, Eiskonfekt und überzogenem Eis am Stiel kommt bevorzugt Palmkernöl zum Einsatz, das heute auch häufig die Basis für Margarine bildet. Letztere wurde auf Anregung Napoleons III. als preiswerte Alternative zu Butter erfunden.

PALMÖL ALS SPITZENREITER

Nicht nur Butterbrote brauchen Schmiere, auch die Industrie kommt nicht ohne aus. Ob es sich um feinste Räderwerke von Armbanduhren oder riesige Turbinen in Kraftwerken handelt: Metall braucht Schmieröl. Ohne Öl würden weder Hydrauliksysteme funktionieren, noch ließen sich Metalle verarbeiten, Textilien herstellen oder Kunststoffe weichmachen. Seit man Raps- und Palmöl als nachwachsende Biodiesel-Treibstoffe und Alternativen zu den begrenzten Mineralölvorkommen der Erde entdeckt hat, steigt der Anbau dieser Ölpflanzen rapide an. Während in Deutschland Rapsöl an erster Stelle steht, hat mittlerweile die Ölpalme die Sojabohne als international meistangebaute Ölpflanze abgelöst. Ihr Anbau ist

allerdings ökologisch bedenklich: Für die Ölpalmen-Monokulturen werden gigantische Regenwälder in Indonesien, Malaysia, Brasilien oder Kolumbien mit drastischen Folgen für Mensch, Tier und Umwelt brandgerodet, wodurch gewaltige Mengen an Treibhausgasen in die Atmosphäre entweichen. Von Nachhaltigkeit ist man noch weit entfernt. Deshalb raten Umweltverbände dazu, in der Küche statt Palmöl lieber Raps-, Sonnenblumen- oder Kokosöl zu verwenden, denn das meiste Öl landet immer noch in der Pfanne.

Ingrid Schindler

WARENKUNDE

Kostbare Gourmet-Öle

Kostbare Gourmet-Öle

Exotisch, exquisit und etwas teurer: Als echte Raritäten werden sie äußerst sparsam dosiert und setzen starke kulinarische Akzente.

(1) **ARGANÖL** (bis 24 Monate haltbar) wird aus den Samenkernen der Früchte der marokkanischen Arganie hergestellt. Das gelbe bis orangefarbene Öl riecht leicht scharf und süßsauer. Mit seinem nussigen Aroma eignet es sich vor allem zum Verfeinern in der kalten Küche. In Marokko verwendet man es auch zum Kochen. Arganöl ist reich an ungesättigten Fettsäuren, vor allem Öl- und Linolsäure, sowie an Vitamin E (siehe auch S. 40).

(2) **PISTAZIENKERNÖL** wird aus Pistazienkernen kalt gepresst. Das kostbare Öl besitzt einen süß-fruchtigen Geruch und einen feinnussigen Geschmack. Das aromatische Öl (etwa 6 bis 9 Monate haltbar) eignet sich zum Verfeinern von Salaten oder auch Vanilleeis. Außerdem passt es gut zu Meeresfrüchten, Fisch und Räucherfisch. Pistazienkernöl dient auch zum Verfeinern und Färben beim Backen sowie als hochwertiger Butterersatz.

WARENKUNDE
Kostbare Gourmet-Öle

(3) **BUCHECKERNÖL** (bis 12 Monate haltbar) wird aus Bucheckern hergestellt. Das Öl riecht nussig und trägt eine Wald-, Holz- und Pilznote. Aus ungeschälten Samen heiß gepresstes Öl hat ein nussig-herbes Aroma. Wird es aus geschälten Samen kalt gepresst, schmeckt es milder. Bucheckernöl passt gut zu Pilzen, Wild, Salaten, Suppen, Fisch und zu Süßspeisen (z. B. Eis, Cremes). Das kostbare Öl eignet sich nicht zum Braten und Kochen.

(4) Hochwertiges **WALNUSSÖL** wird aus reifen, zum Teil auch gerösteten Walnüssen durch Kaltpressung gewonnen, einfachere Qualitäten mit flachem Aroma auch durch Warmpressung oder Extraktion. Walnussöl ist bis zu 9 Monate haltbar und sollte nicht erhitzt werden. Es schmeckt sehr nussig, wird meist mit neutralem Öl gemischt, passt hervorragend zu Wurzelgemüse und Salaten und ist in der französischen Küche sehr beliebt.

WARENKUNDE

Ätherische Öle

Aroma pur – Ätherische Öle

Sie sind keine echten Öle, bereichern jedoch als sparsam zu dosierende Würze die Küche mit intensiven Aromen.

- Ätherische Öle enthalten selbst kein Fett, sind jedoch fettlöslich.
- Sie werden tropfenweise dosiert oder in Mischung mit echten Speiseölen verwendet.

Was sind ätherische Öle?

Ätherische Öle enthalten viele sekundäre Pflanzeninhaltsstoffe, werden in sog. Öldrüsen gebildet und im Pflanzengewebe gespeichert. Sie befinden sich in den Blüten, Blättern, Samen, Fruchtschalen, Wurzeln, Harzen, Rinden oder im Holz. Ätherische Öle sind eigentlich keine Öle im engeren Sinne, dennoch sollen sie hier betrachtet werden, da sie im kulinarischen Bereich ähnlich wie aromaintensive Speiseöle als Würze verwendet werden können. Manchmal ist für den Laien die Abgrenzung zwischen ätherischem und echtem, d.h. »fettem« Öl nicht auf den ersten Blick ersichtlich: So werden manche Öl-Namen (z.B. Fenchel- oder Senföl) sowohl für das »fette« als auch für das ätherische Öl verwendet. Eindeutiger ist das Ganze bei Mandelöl: Unter diesem Namen versteht man stets das sowohl in den süßen als auch in den bitteren Mandeln enthaltene geruchlose, feine, fette Öl. Das ätherische Mandelöl, das nur aus bitteren Mandeln gewonnen werden kann, heißt im Handel immer Bittermandelöl.

EIGENSCHAFTEN

Ätherische Öle haben einen starken, für die Herkunftspflanze charakteristischen Geruch. Im Gegensatz zu fetten Ölen verdampfen sie jedoch vollständig und hinterlassen auf Papier keine »Fettflecken«. Sie sind aus vielen verschiedenen chemischen Verbindungen zusammengesetzt, die im Weiteren nicht detailliert vorgestellt werden sollen.

EIGNUNG FÜR DIE KÜCHE

Ätherische Öle werden in der Regel als Duftstoffe benutzt, insbesondere in der Kosmetikindustrie, und haben zunehmend auch Bedeutung als geschmacksverbessernde Inhaltsstoffe in Gewürzen oder auch zum Aromatisieren von Speiseöl (z.B. Basilikum-Olivenöl) bzw. Speisen. Im kulinarischen Bereich häufiger verwendete ätherische Öle sind ins-

WARENKUNDE
Ätherische Öle

besondere Bittermandelöl (vor allem zum Backen), Minz- und Orangenöl (insbesondere für Cremes und Desserts) oder Schwarzkümmelöl. Letzteres wird häufig in der Mischung mit anderen Ölen verwendet (z. B. Rapsöl) und passt gut zu Salaten und Eintöpfen.

KLASSIFIKATION & QUALITÄT

Natürliche ätherische Öle werden durch Kaltpressung (z. B. Zitrusöle), Extraktion (z. B. Blütenöle) oder auch Wasserdampfdestillation hergestellt. Sogenannte »naturbelassene Öle« werden direkt aus Pflanzen gewonnen. Ein hochwertiges ätherisches Öl zu erkennen ist nicht leicht, da die Bezeichnung »ätherisches Öl« nicht geschützt ist und auch für synthetische Produkte verwendet wird. Sogenannte »natürliche Öle« bestehen aus mehreren naturreinen Komponenten, werden also nicht vollständig aus der namensgebenden Pflanze gewonnen. So kann etwa ein Lavendelöl mit einem anderen, (in der Regel billigeren) naturreinen Öl vermischt werden. Natürliche Öle dürfen allerdings keine synthetischen Zusätze enthalten.

Daneben gibt es jedoch auch rein synthetische Produkte: Die Bestandteile sog. »naturidentischer Öle« werden künstlich hergestellt und miteinander vermischt. Sie entsprechen chemisch den natürlichen Vorbildern und riechen auch so. Künstliche Öle werden sozusagen im Labor gezielt auf bestimmte Geruchseigenschaften hin entworfen. Gesundheitlich sind viele nicht unumstritten, vor allem, da sie sich im Fettgewebe des Organismus anreichern und hormonähnliche Wirkungen besitzen können.

Indikatoren für naturbelassene ätherische Öle sind genaue Angaben auf dem Etikett, z.B. deutscher und botanischer Pflanzenname, Herkunftsland, Gewinnungsverfahren, Rückstandskontrolle, Verdünnungsmittel und Chargennummer.

KÜCHENPRAXIS

Öle verwenden ...

... und richtig einsetzen

KÜCHENPRAXIS
Einführung

Öl in der Gourmetküche

Von kalt gepresst bis raffiniert: Wer Wert auf gute Ölqualität legt, muss gezielt einkaufen und professionell lagern. Für den richtigen Einsatz in der Küche benötigt man zudem Know-how.

SPÄTESTENS seit die Mittelmeerküche ihren Boom erlebte, hat Speiseöl in der Küche an Bedeutung gewonnen. War es zunächst nur das Olivenöl, das vermehrt Einzug in die deutsche Kulinarik hielt, so ist es heute eine Vielzahl an Ölsorten, die Köche und Gourmets begeistert. Ob naturreines Öl oder aromatisiert: Qualität hat ihren Preis – den nicht jeder zu zahlen bereit ist. So finden sich im Handel auch eine Reihe preisgünstiger Alternativen, deren (Nicht-)Qualität oftmals nicht ganz leicht zu erkennen ist. Daher erfahren Sie auf den folgenden Seiten, worauf Sie beim Öleinkauf achten sollten. Auch Fragen zu Lagerung und Haltbarkeit werden hier geklärt.

GARMEDIUM MIT AROMA

Während Ernährungsphysiologen behaupten, dass den körperlichen Bedürfnissen bereits durch Verwendung von lediglich zwei Ölen Genüge getan werden könne, wissen es Gourmets besser: Essen ist eben nicht nur Bedürfnisbefriedigung, sondern Genuss. Und der lebt von der Vielfalt an Gerüchen und Aromen, zu der auch Speiseöle beitragen. Doch welches Öl eignet sich wofür? Und wie verwendet man das kostbare »Gold« aus Oliven, Nüssen und Samen?
Im folgenden Kapitel zeigen wir Ihnen, wie Profis die ganze Palette der Öle von einfach bis edel einsetzen. Ob zum Herstellen eigener Aromaöle (S. 75 ff.), zum Marinieren, Garen und Verfeinern (S. 70 f.) oder als Basis für Saucen und Dips (S. 80 ff.) – hier finden Sie alles Wissenswerte in Sachen Ölverwendung. Wir wünschen Ihnen viel Spaß beim Ausprobieren und Genießen!

Aromatische Bereicherung

Aromaintensive Speiseöle verleihen Gerichten den letzten kulinarischen Schliff: Sie bereichern nicht nur durch ihr Eigenaroma, sondern sind zugleich auch ein Geschmacksträger für alle anderen Aromen eines Gerichts.

Öle einkaufen und lagern

Wer Wert auf gutes Speiseöl legt, muss beim Einkauf genau hinsehen. Doch auch die Lagerung spielt eine wichtige Rolle, wenn man gute Ölqualität erhalten möchte.

BEIM EINKAUF von Speiseöl gilt: Kaufen Sie nur Mengen, die sich kurz- bis mittelfristig verbrauchen lassen, denn die Haltbarkeit der Öle ist begrenzt (S. 66 f.). Ware aus sonnenbeschienenen Regalen – Wärme und Licht beeinflussen die Ölqualität negativ und befördern den Verderb – sollten Sie meiden. Schauen Sie sich das Etikett genau an: Es muss eine exakte Bezeichnung der Pflanze, aus der das Öl gemacht wurde bzw. eine Sortenbezeichnung tragen. Bei sog. Speise- oder Tafelölen, die aus einer Ölmischung bestehen und unter Markennamen in den Handel kommen, ist ein Hinweis auf das verwendete Öl nur dann zulässig, wenn alle verwendeten Öle nach Art und Anteil aufgeführt werden. Auch muss auf dem Etikett ein Mindesthaltbarkeitsdatum angegeben sein. Daneben finden sich häufig sprachliche Begriffe und Bezeichnungen auf dem Etikett, die dem Verbraucher bei der Einschätzung der Ölqualität helfen können, vorausgesetzt er kennt ihre Bedeutung.

Qualitätsbezeichnungen

Im allgemeinen Sprachgebrauch haben sich verschiedene Bezeichnungen etabliert, die in Verbindung mit qualitativen Erwartungen stehen. Man unterscheidet Bezeichnungen hinsichtlich der Anbauart, hinsichtlich der Ölgewinnung sowie hinsichtlich EU-weit festgelegter Gütekriterien (nur für Olivenöl).

KONTROLLIERT & GESCHÜTZT

Der biologisch-dynamische Anbau (bdA) wird vom Demeter-Bund kontrolliert und bedeutet, dass die Rohstoffpflanze zur Ölgewinnung nach einem speziellen Aussaatkalender angebaut wird, keine Pestizide verwendet werden und die Düngung mit Kompost erfolgt.

Ähnliches gilt für den kontrolliert biologischen Anbau (kbA). Auch hier kommen keine Pestizide zum Einsatz, gedüngt wird mit Mist, kontrolliert wird von einer zugelassenen Kontrollorganisation. Die Produkte müssen eine Kontrollnummer auf dem Etikett aufweisen.

Auch die EU-weite Bezeichnung »geschützte geografische Angabe (g.g.A.)« ist eine gesetzlich geschützte Herkunfts- und Qualitätsbezeichnung. Sie wird unter anderem für Steirisches Kürbiskernöl verwendet und garantiert, dass die Kürbiskerne von Ölkürbissen aus steirischem Anbau stammen, in heimischen Ölmühlen gepresst wurden und es sich um ein Produkt handelt, das zu 100 % aus Kürbiskernöl besteht.

VON ABTROPF- BIS TAFELÖL

Folgende Begriffe markieren im Zusammenhang mit der Ölgewinnung die Qualität eines Speiseöls:

Der Begriff »**kalt gepresst**« besagt, dass das Öl mechanisch gepresst und ansonsten unbehandelt, d.h. nicht raffiniert ist. Eine echte kalte Pressung gibt es in Realität jedoch nicht, da beim Pressen durch den hohen Druck Temperaturen von bis zu 100 °C verursacht werden. Je geringer der Druck bzw. je geringer die Temperatur, umso geringer ist auch die Ölausbeute (und umso höher der Preis). Wissenschaftlich umstritten ist derzeit noch, was etwa ein bei 40 °C gewonnenes Öl gesundheitlich wertvoller macht als ein bei 60 °C gepresstes. Erst ab etwa 150 °C verän-

KÜCHENPRAXIS

Öle einkaufen und lagern

dern sich Fettsäuren temperaturbedingt (S. 17); solche Temperaturen werden im Kaltpressverfahren jedoch normalerweise nicht erreicht.

Der Zusatz »**nativ**« ist ebenso wenig gesetzlich verankert, wie »kalt gepresst« oder »Erstpressung«. Nativ besagt lediglich, dass der Rohstoff in der Regel aus kbA-Anbau (S. 63) stammt und das Öl ohne künstliche Erwärmung mechanisch gepresst sowie allenfalls filtriert wurde.

»**Erste Pressung**« garantiert lediglich, dass das Öl aus mechanischer Pressung stammt.

Sog. **Tropföl** oder **Abtropföl** wird nicht durch Pressen hergestellt, sondern tropft bzw. läuft vor dem eigentlichen Pressvorgang durch den Eigendruck des vorher zerkleinerten Ölrohstoffs (z. B. Oliven) ab. Das sehr hochwertige Öl wird dabei keinerlei Wärme ausgesetzt.

Die Begriffe »**Tafelöl**«, »**Speiseöl**«, »**Pflanzenöl**« oder »**Salatöl**« umschreiben einfache Öle, die meist als Mischung unterschiedlicher Pflanzenöle unter einem Markennamen in den Handel kommen. In der Regel handelt es sich hierbei um raffinierte, geschmacksneutrale Öle mit breitem Verwendungsspektrum.

GÜTEBEZEICHNUNGEN FÜR OLIVENÖL

Darüber hinaus gibt es für die Qualität von Speiseöl keine einheitlichen Rechtsvorschriften, mit einer Ausnahme: Bei Olivenöl hat der Gesetzgeber eine EU-weite Sprachregelung festgelegt und zu diesem Zweck Güteklassen für Olivenöl definiert, von denen vier zu Ernährungszwe-

Die im Handel verwendeten Qualitätsbezeichnungen für Öle sind nicht alle gesetzlich geregelt, außer bei Olivenöl.

cken im Handel angeboten werden. Für ihre Einteilung sind 27 chemisch-physikalische Parameter ausschlaggebend sowie (maßgeblich) der sensorische Test:

1) Die hochwertigste Güteklasse umfasst »**Natives Olivenöl extra**« (frz. Huile d'olive vierge extra; ital. Olio extravergine d'oliva; engl. extra virgin olive oil). Es wird ausschließlich im mechanischen Verfahren gewonnen und weist maximal einen Gehalt von 0,8 g freier Fettsäuren pro 100 g Öl auf. Farbe, Geschmack und Geruch müssen fehlerfrei sein.

2) »**Natives Olivenöl**« (frz. Huile d'olive vierge; ital. Olio vergine d'oliva; engl. virgin olive oil) wird zwar wie Natives Olivenöl extra gewonnen und muss in Farbe, Geschmack und Aroma ebenfalls fehlerfrei sein, darf jedoch einen etwas höheren Gehalt an freien Fettsäuren aufweisen (max. 2 g/100 g Öl).

3) »**Olivenöl**« (frz. Huile d'olive; ital. Olio d'oliva; engl. olive oil) besteht zu 99 % aus raffiniertem und zu 1 % aus nativem Olivenöl. Es darf einen Höchstgehalt an freien Fettsäuren von 1 g/100 g Öl aufweisen.

4) »**Oliventresteröl**« (frz. Huile de grignons d'olive; ital. Olio di sansa di oliva; engl. olive residue oil) wird im Extraktionsverfahren aus dem Pressrückstand, dem sog. Oliventrester, gewonnen. Auch hier darf der Anteil an freien Fettsäuren im Speiseöl einen Wert von 1 g/100 g Öl nicht überschreiten.

Sensorische Merkmale

Zu den wichtigsten Qualitätsmerkmalen für Speiseöle gehören die Qualität des Rohstoffs, die Art der Gewinnung sowie die sensorischen Kennzeichen Aussehen, Geruch und Geschmack. Die beiden ersten Merkmale kann der Verbraucher anhand der Angaben auf dem Etikett prüfen, indem er nach den eingangs geschilderten Qualitätsbegriffen sucht und ggf. abweichende Bezeichnungen mit Vorsicht bewertet.

Die sensorischen Merkmale lassen sich am besten bei einer Ölverkostung (S. 150 f.) prüfen. Im Allgemei-

Jedes Öl hat – ähnlich wie Wein – seinen Jahrgang. Dennoch: Öle nicht langfristig auf Vorrat kaufen, da ihre Haltbarkeit begrenzt ist.

nen gilt dabei: Der **Geruch** eines guten Öls ist frisch, rein und ausgeglichen. Olfaktorische Abweichungen offenbaren sehr schnell, ob ein Öl unhygienisch gewonnen, falsch gelagert oder überaltert ist.

Generell sollte ein Speiseöl einen sorten- und arttypischen Geruch und **Geschmack** aufweisen und nicht säuerlich oder ranzig riechen oder schmecken. Bezüglich des Geschmacks gilt allerdings: Er variiert je nach Sorte, Bodenart, Anbaumethode, Reife, Ernte und Ölgewinnung. So kann beispielsweise hochwertiges kalt gepresstes Rapsöl im Aroma von bitterherb bis leicht nussig und mild variieren.

Ein gutes Öl ist klar und durchscheinend (Ausnahme: Kürbiskernöl) und von homogener **Konsistenz**. Die Farbe des Öls sollte sortentypisch sein: Dabei kann das Farbspektrum recht breit sein und wie beispielsweise bei Olivenöl von hellgelb bis grüngelb reichen. In jedem Fall sollte die Farbe jedoch strahlend und appetitlich erscheinen.

Eine Öltrübung muss jedoch nicht zwingend ein Indiz für schlechte Ölqualität sein, sondern kann auch entweder auf der Gewinnungsart beruhen (kalt gepresst, ungefiltert und unbehandelt) oder deutet auf zu kalte Lagerung hin.

Öle richtig lagern

Öle, die in größerer Menge verbraucht werden, etwa zum Braten, können Sie in kleineren Gebinden (dunklen Flaschen) bei Raumtemperatur lagern. Empfindliche Öle sollten dagegen kühl (kühler Raum, 10 bis 18 °C) und möglichst dunkel aufbewahrt werden. Besonders hochwertige Speiseöle (z. B. Leinöl, Kürbiskernöl, Walnussöl) gehören sogar in den Kühlschrank. Allerdings flocken manche Öle bei niedrigen Temperaturen aus, Olivenöl etwa bei unter 8 °C (Kühlschrank), was jedoch keinen Qualitätsverlust bedeutet. Bei höheren Temperaturen wird das Öl wieder klar.

Angebrochene Behältnisse sollten Sie möglichst rasch verbrauchen, da der Kontakt mit Luft den Fettverderb beschleunigt.

WIE HALTBAR SIND ÖLE?

Öle können durch Alterung oder unsachgemäße Lagerung verderben: Durch Kontakt mit Licht, Luft, Wärme oder Metall werden Prozesse in Gang gesetzt (z. B. Oxidation), in deren Folge sich allmählich Aldehy-

KÜCHENPRAXIS
Öle einkaufen und lagern

de, Ketone und freie Fettsäuren bilden. Auch Enzyme (z. B. Lipase) führen zu solchen Abbauvorgängen, laienhaft formuliert »das Öl wird ranzig«, was sich in geschmacklichen und geruchlichen Veränderungen manifestiert. Einen wesentlichen Einfluss auf die Haltbarkeit von Ölen hat ihr Gehalt an Antioxidantien: Je höher etwa der Vitamin-E-Gehalt eines Öls ist (z. B. Weizenkeimöl), desto länger ist es haltbar und genießbar. Auch Procyanidin, das insbesondere in Traubenkernöl enthalten ist, hat eine sehr starke antioxidative Wirkung.

Grundsätzlich lässt sich bei Ölen nur eine Haltbarkeitsspanne angeben. Folgende **Erfahrungswerte** (bei sachgemäßer Lagerung) liegen für die wichtigsten Öle vor:

Nur sehr kurze Zeit haltbar ist Leinöl (4 bis 8 Wochen). Selbst bei Aufbewahrung im Kühlschrank stellt sich bereits nach wenigen Tagen ein leicht bitterer Geschmack ein, der im Laufe der Lagerung zunimmt. Aufgrund seines niedrigen Schmelzpunktes von etwa -16 bis -20 °C kann Leinöl auch im Tiefkühlfach aufbewahrt werden, ohne fest zu werden. Es ist dann über mehrere Wochen ohne Geschmackseinbußen haltbar.

Zu den Speiseölen mit einer mittleren Haltbarkeit von 6 bis 9 Monaten gehören Distel-, Hanf-, Haselnuss-, Macadamianuss-, Mandel-, Mohn-, Sonnenblumen- und Walnussöl. Bis zu 1 Jahr haltbar sind Aprikosenkern-, Avocado-, Erdnuss-, Kürbiskern-, Raps- und Sesamöl. Am haltbarsten unter den Ölen sind Oliven- und Traubenkernöl (bis 18 Monate), Kokosöl (bis 2 Jahre) sowie Argan-, Babassu-, Bucheckern- und Weizenkeimöl (2 Jahre).

Öle sollte man kühl und dunkel aufbewahren. Besonders hochwertige und empfindliche Öle, wie Mandel-, Pistazien- oder Leinöl gehören sogar in den Kühlschrank.

Speiseöle – aromatisch und gesund

Wer die Wahl hat, hat die Qual: Das Angebot an hochwertigen Pflanzenölen ist groß. Von Argan- bis Weizenkeimöl ist auf dem Markt alles zu haben. Und jedes Öl ist angeblich nicht nur das Beste, sondern auch das Gesündeste. Denn neben dem Geschmack spielen bei der Auswahl zunehmend die gesundheitsfördernden Aspekte eine Rolle. Vor allem ihr hoher Anteil an einfach und mehrfach ungesättigten Fettsäuren

Das Image der Speiseöle reicht von ausgezeichnet über brav und langweilig bis ungenießbar.

macht Pflanzenöle zu unverzichtbaren Bestandteilen unserer Ernährung. Viele von ihnen stecken zusätzlich voll wertvoller Vitamine und sekundärer Pflanzenstoffe, die Jugend, Gesundheit und Schönheit versprechen.

Traditionalisten greifen gerne zum Olivenöl: kalt gepresst muss es sein, nativ und ausgezeichnet mit dem Prädikat »extra«. Nur dann entfaltet es seine heilenden Eigenschaften, die die Mittelmeerküche berühmt gemacht haben. Denn hier wird seit jeher viel mit Olivenöl gekocht. In Kreta, der europäischen Region mit der höchsten Lebenserwartung, liegt der Pro-Kopf-Verbrauch gar bei 38 Litern pro Jahr. Und viele Studien belegen, dass zwischen diesen beiden Fakten ein Zusammenhang besteht. Die sogenannte »Mittelmeerdiät« gilt aus diesem Grund als besonders gesund. Sie basiert auf dem Genuss von Obst, Gemüse, Fisch und der großzügigen Verwendung von Olivenöl bei der Zubereitung aller Speisen. Das schont die Gefäße, dient dem Herz-Kreislauf-System und macht freie Radikale, die Haut und Zellen angreifen, unschädlich. Auch das Risiko an Krebs oder Arteriosklerose zu erkranken, kann durch Olivenöl positiv beeinflusst werden.

Wer nach einer Alternative sucht, die ebenso vielseitig einsetzbar ist, landet schnell bei Rapsöl. Vor wenigen Jahren noch kaum beachtet, punktet der Neuling in der Ölszene vor allem durch seine ausgewogene Zusammensetzung der ungesättigten Fettsäuren. Davon profitiert der ganze Körper – ausgenommen der Gaumen. Denn einen schmackhaften Vertreter dieser Gattung zu finden, ist nicht gerade einfach. Häufig weisen die Öle erhebliche sensorische Mängel auf und sind daher für die Zubereitung von Rohkost und Salaten ebenso ungeeignet wie für das Anbraten von Fisch und Fleisch. Viele Verbraucher greifen daher lieber zum altbekannten Mais- oder Weizenkeimöl, das durch seinen hohen Vitamin-E-Gehalt jung und frisch hält. Oder zum ebenso gesunden, wie »langweilig-braven« Sonnenblumenöl.

AM BESTEN NICHT ERHITZEN

Neben universellen Ölen wie Oliven-, Raps- oder Keimöl gehören aber auch Spezialitäten in den Vorratsschrank. Sie unterscheiden sich stark in der Zusammensetzung ihrer Inhaltsstoffe: So kann etwa der Gehalt an Linol- und Ölsäure sowie an Vitamin A und E erheblich schwanken. Während die einen Öle überwiegend das Herz-Kreislauf-System unterstützen, helfen andere vor allem der Haut oder leisten als Radikalfänger wertvolle Dienste für die Gesundheit.

Zum Beispiel Walnussöl: Es ist ideal, um das nussige Aroma von Feldsalat zu unterstreichen oder um Wurzelgemüse zu verfeinern. Das teure Öl verströmt nicht nur den aromatischen Duft reifer Walnüsse, sein hoher Anteil an Linolsäure stärkt überdies das Immunsystem, unterstützt die Regeneration der Haut und kann sogar das Hormonsystem positiv beeinflussen.

Oder Kürbiskernöl: Schwarz und dick rinnt es über den Löffel, wenn man eine cremige Kürbissuppe damit würzt. Zusätzlich punktet es durch einen hohen Gehalt an Antioxidantien, die freie Radikale bekämpfen und die Haut jung und glatt erhalten. Das Öl stärkt die Prostata und wirkt blutdrucksenkend. Allerdings nur, wenn es nicht erhitzt wird.

Dies gilt übrigens für alle hochwertigen Öle: Will man ihre geschmacklichen Stärken nutzen und gleichzeitig auch alle gesundheitsfördernden Eigenschaften voll ausschöpfen, sollte man auf das Erhitzen verzichten. Die heilenden Stoffe verflüchtigen sich in der Pfanne und im Kochtopf, sodass nichts zurückbleibt als Fettsäuren und – im besten Falle – ein Rest der Geschmacksstoffe.

Margarethe Brunner

KÜCHENPRAXIS
Das »klassische« Quartett

Das »klassische« Quartett

Vier Speiseöle bilden den Grundstock der feinen Küche: Die Öl-Klassiker zum Braten, Dünsten, Frittieren, Marinieren und Verfeinern.

(1) **DISTELÖL** (bis 12 Monate haltbar) wird durch Pressung oder Extraktion aus den Samen der Färberdistel (Saflor) hergestellt und wegen seines kratzenden Geschmacks in der Regel raffiniert. Das hitzeempfindliche hochwertige Öl mit dem leicht nussigen Aroma eignet sich für die kalte Küche (z. B. für Salate, Müsli), zum Dünsten sowie zum Verfeinern von Gemüse- und Kartoffelgerichten oder Teigwaren.

(2) **OLIVENÖL** (bis 18 Monate haltbar) wird aus einzelnen Olivensorten oder aus Sortenmischungen gepresst oder extrahiert. Je nach Sorte, Reifegrad der Früchte, Anbau und Herstellungsverfahren variieren Farbe und Geschmack des Öls von gelb bis grün und von mild-fruchtig bis grasig-nussig. Die beliebteste Olivenöl-Güteklasse ist »Olivenöl extra virgine«, ein kalt gepresstes Öl, perfekt zum Marinieren.

KÜCHENPRAXIS

Das »klassische« Quartett

(3) **RAPSÖL** (auch Rüböl, Rübsenöl, Kohlsaatöl) wird aus den Samen der Rapspflanze und des botanisch ähnlichen Rübsens gepresst oder extrahiert. Das hell- bis dunkelgelbe Öl (bis 12 Monate haltbar) weist den höchsten Gehalt an ungesättigten Fettsäuren unter den Speiseölen auf und hat ein leicht kerniges, nussiges Aroma. Rapsöl ist in der kalten Küche (z.B. für Salate) ebenso einsetzbar wie zum Braten oder Frittieren.

(4) **TRAUBENKERNÖL** (bis 18 Monate haltbar) wird durch Kaltpressung oder Extraktion aus den Kernen der Weintrauben hergestellt. Das kalt gepresste Öl ist grüngolden und schmeckt mild nussig und würzig. Das hochwertige Öl eignet sich zum Verfeinern von Geflügel, Fisch, Gemüse, Salat und Käse sowie zum Marinieren. Es besitzt den höchsten Rauchpunkt unter den Pflanzenölen, weshalb es sich auch zum Braten und Frittieren eignet.

KÜCHENPRAXIS

Mit Ölen kochen wie ein Profi

Mit Ölen kochen wie ein Profi

Wer die Wahl hat, hat die Qual: Nicht jedes Öl eignet sich für die kalte Küche oder zum Erhitzen. Wer Qualität voll auskosten möchte, muss daher Öle gezielt auswählen.

ZWEI ÖLE würden in der Küche prinzipiell schon ausreichen – zumindest aus ernährungsphysiologischer Sicht: Rapsöl zum Kochen und Braten sowie ein gutes Olivenöl für die kalte Küche. Beide enthalten einfach und mehrfach ungesättigte Fettsäuren in optimalem Verhältnis. Dennoch: Öl ist Geschmackssache. Und in seiner Vielfalt gibt es viel zu entdecken, das Küche und Gaumen auf das Feinste bereichert.

Welches Öl wofür?

Nicht jedes Öl eignet sich für jeden Zweck: Einen Gesamtüberblick über die wichtigsten Speiseöle und ihre jeweiligen Verwendungszwecke fin-

EINLEGEN IN ÖL

(1) Das Marinieren mit Öl (z. B. Olivenöl) wird bei Fleisch, Wild und Geflügel angewendet, um die Produkte mürbe zu machen und zu aromatisieren.

CONFIEREN IN ÖL

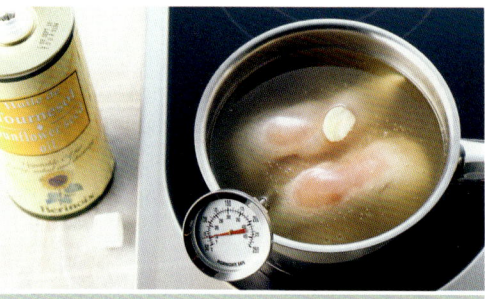

(2) Beim Confieren wird das Lebensmittel von Öl umschlossen (z. B. Sonnenblumenöl) und bei Temperaturen bis 70 °C langsam und schonend gegart.

KÜCHENPRAXIS
Mit Ölen kochen wie ein Profi

den Sie zur schnellen Suche in tabellarischer Form ab Seite 178.

Darüber hinaus gilt grundsätzlich: Bei der Wahl eines Speiseöls spielen geschmackskompositorische Überlegungen eine wichtige Rolle: Das gewählte Öl soll das Aroma der Speise, für das es verwendet wird, unterstreichen, ohne zu dominieren. Nuss- und Kernöle etwa (z.B. Haselnussöl, Kürbiskernöl) haben von Natur aus ein mehr oder weniger ausgeprägtes Aroma, das nicht zu jedem Gericht passt.

Darüber hinaus ist für die Auswahl eines Öls ausschlaggebend, ob und wie stark es erhitzt werden soll.

ZUM ERHITZEN GEEIGNET?

Starkes Erhitzen, z.B. beim Anbraten, Grillen und Frittieren, zerstört die mehrfach ungesättigten Fettsäuren, wodurch diese ihre gesundheitsfördernde Wirkung verlieren. Zudem entstehen gleichzeitig schädliche, teilweise sogar krebserregende Zersetzungsprodukte.

Öle mit einem hohen Gehalt an einfach ungesättigten Fettsäuren (z.B. Olivenöl) sind länger haltbar und besser zum Erhitzen geeignet als Öle, die einen hohen Gehalt an mehrfach ungesättigten Fettsäuren aufweisen (z.B. Leinöl). Letztere sollten daher kalt eingesetzt werden.

BRATEN MIT ÖL

(3) Öl wird auch zum Braten (z.B. Sojaöl, Kokosöl) bzw. Kurzbraten verwendet sowie zum Pfannenrühren (z.B. Sesam- oder Erdnussöl).

FRITTIEREN IN ÖL

(4) Beim Frittieren schwimmt das zu garende Lebensmittel in 160 bis 180 °C heißem Öl (z.B. raffiniertes Rapsöl) und wird darin rasch gar.

KÜCHENPRAXIS

Mit Ölen kochen wie ein Profi

Am stabilsten gegenüber hoher Temperatur sind gesättigte Fettsäuren, weshalb sich Fette und Öle mit einem hohen Gehalt an gesättigten Fettsäuren am besten zum Braten und Frittieren eignen. Zudem verträgt auch »**High-Oleic-Öl**«, ein Spezialöl aus besonderen Pflanzenzüchtungen, sehr hohe Gartemperaturen. Es ist für den Verbraucher auf dem Etikett als solches gekennzeichnet.

Öle **zum Braten** sollten einen Rauchpunkt über 160 °C aufweisen. Dazu gehören hitzestabile, raffinierte Öle, etwa Raps-, Soja-, Sonnenblumen- und Erdnussöl. Natives Olivenöl ist zum Braten zu schade. Es wird am besten in Salaten, Dips und kalten Vorspeisen eingesetzt. Die Qualitätsstufe »Olivenöl« (S. 65) dagegen verträgt auch hohe Temperaturen (bis 210 °C) und eignet sich somit auch zum Braten und Frittieren.

Zum Dünsten empfehlen sich besonders Distelöl, Maiskeimöl, Soja- und Sonnenblumenöl.

Als »**Universalöle**« für jeden Verwendungszweck werden im Handel einfache, in der Regel gemischte Öle angepriesen (sog. Tafelöl, Speiseöl, Pflanzenöl oder Salatöl). Diese raffinierten und geschmacksneutralen Öle können in der kalten und warmen Küche verwendet werden, jedoch ohne dass dabei kulinarische Erlebnisse erwartet werden dürfen.

KALT GEPRESST ODER DOCH RAFFINIERT?

In der kalten Küche kommen vor allem kalt gepresste Öle (z. B. Nussöle, Kürbiskernöl) mit ihren sortentypischen Aromen gut zur Geltung. Sie eignen sich als Würze für Salate, Vorspeisen und Desserts und werden kurz vor dem Servieren direkt auf das fertige Gericht geträufelt.

Kalt gepresste Öle weisen eine größere Spannbreite in Geruch und Geschmack auf, als raffinierte Öle. Auch besitzen sie einen höheren Gehalt an Vitamin-E und an gesundheitlich positiven Begleitstoffen. Allerdings enthalten sie herstellungsbedingt auch Stoffe, die sich negativ auf die Haltbarkeit auswirken. Ungefiltertes kalt gepresstes Öl enthält zudem Trübstoffe, die sich am Boden absetzen und von vielen Verbrauchern nicht akzeptiert werden, da sie sie als unrein empfinden und häufig sogar damit Verderb assoziieren. Gleichwohl bevorzugen Gourmets kalt gepresste, ungefilterte Öle, da sich besonders auch in den Trübstoffen intensive Aromen eröffnen.

Speiseöle selbst aromatisieren

Gewürzöle verleihen Gerichten ihre ganz individuelle Note. Und das Beste: Sie sind leicht selbst herzustellen und bieten eine schier unerschöpfliche Vielfalt.

AROMATISIERTE ÖLE bereichern die Küche in Form von Kräuteröl (z. B. Rosmarinöl) oder Würzöl (z. B. Chiliöl). Viele der im Handel angebotenen Kräuter- oder Würzöle lassen sich recht einfach selbst herstellen: Als Basis dienen vor allem milde oder neutrale Öle, wenn das Aroma des zugesetzten Produktes sehr fein ist oder deutlich dominieren soll. Ein Öl mit Eigengeschmack sollte nur dann gewählt werden, wenn es perfekt mit dem Aroma des zugesetzten Produkts harmoniert.

Das Herstellungsprinzip

Als Aromazusatz eignen sich intensiv aromatische Lebensmittel, die einen geringen Wassergehalt aufweisen, z. B. Kräuter, Blüten, Blätter,

KÜCHENPRAXIS
Speiseöle selbst aromatisieren

Gewürze. Der Zusatz sollte gewaschen und getrocknet werden, damit er frei von Schmutz und Schimmelsporen ist. Zwiebeln, Knoblauch, Paprika und Chili sollte man schälen und putzen. Für Blüten gilt: Getrocknete Blüten (z. B. Kamille, Hibiskus, Rose) geben mehr Aroma ab als frische. Je feiner zerkleinert die Zutat ins Öl kommt, umso schneller entwickelt sich das Aroma. In der Regel werden feine Zusätze nach 1 bis 2 Wochen aus dem Öl entfernt. Ganze oder große Stücke sind optisch ansprechender, benötigen jedoch etwas mehr Zeit zur Aromaentfaltung. Im Folgenden wird die Herstellung von sieben Aromaölen vorgestellt:

DILLÖL

1 Bund Dill waschen, trocken schütteln und grob hacken. Mit 1 Lorbeerblatt und 1 TL rosa Pfefferkörnern in ein Glas geben und ¼ l Sonnenblumenöl angießen. Etwa 3 Wochen ziehen lassen, dann durch ein Sieb abgießen. Das Öl gut verschlossen kühl und dunkel aufbewahren.

INGWERÖL

50 g Ingwer schälen und klein schneiden. 1 Chilischote waschen, entkernen und mit dem Ingwer, 2 Sternanis und 1 Kaffirlimettenblatt in ein Glas (¾ l Inhalt) geben. Mit ½ l Rapsöl auffüllen und an einen nicht zu warmen Ort stellen

HIMBEERÖL FRISCH HERSTELLEN

(1) Etwa 250 g frische Himbeeren verlesen, waschen und sehr gut abtropfen lassen oder mit Küchenpapier trocken tupfen.

(2) Die Himbeeren mit ¼ l Erdnussöl übergießen, das Gefäß abdecken und 2 bis 3 Tage ziehen lassen.

(3) Die Mischung durch ein Passiertuch abgießen. Das Öl passt gut zu Geflügel (z. B. Ente), Salaten und Desserts.

KÜCHENPRAXIS
Speiseöle selbst aromatisieren

(10 bis 14 °C) und 21 Tage ziehen lassen (Haltbarkeit etwa 6 Monate).

KNOBLAUCH-CHILI-ÖL

10 g Chilischoten ohne Stiel klein schneiden. 3 bis 4 Knoblauchzehen abziehen und halbieren. ¼ l Olivenöl auf 80 °C erhitzen, Chili, Knoblauch und 1 Thymianzweig hineingeben und 20 Minuten darin ziehen lassen. Durch ein Sieb abgießen.

KRÄUTERÖL

200 g frische Kräuter (z. B. Rosmarin, Thymian etc.) in eine Flasche geben, ½ TL Salz darüberstreuen und mit ½ l kalt gepresstem Olivenöl auffüllen. Das Gefäß luftdicht verschließen und 2 Wochen an einem kühlen, dunklen Ort ziehen lassen. Das Öl durch ein Sieb abgießen. Die Kräuter können auch im Öl verbleiben, sie müssen jedoch stets vollständig von Öl bedeckt sein.

ZITRUSFRUCHTÖL

Je 1 unbehandelte Limette, Orange und Pink Grapefruit heiß waschen und trocken reiben. Mit einem Sparschäler die Schale ohne die bittere, weiße Innenhaut ablösen. 100 ml Traubenkernöl auf dem Herd leicht erwärmen und die Schalen hinzugeben. Auskühlen lassen und zugedeckt mindestens 24 Stunden ziehen lassen. Durch ein Sieb abgießen.

VANILLEÖL SELBST HERSTELLEN

(1) 2 Vanilleschoten längs aufschlitzen, das Mark herauskratzen und die Schoten in grobe Stücke schneiden.

(2) 125 ml fruchtiges Oliven- oder Mandelöl auf 50 °C erwärmen. Vanillestangen und -mark in ein Schraubglas geben.

(3) Mit dem warmen Öl auffüllen, verschließen und 2 Tage bei Zimmertemperatur ziehen lassen. Durch ein Sieb abgießen.

Was zu einer Vinaigrette gehört

Denkt man an Speiseöle, hört man es sofort in der Pfanne brutzeln. Dabei ist Öl als Grundlage vieler Saucen in der Küche fast noch wichtiger als zum Anbraten von Fisch und Fleisch. Für eine gute Vinaigrette beispielsweise ist feines Öl unerlässlich. Der »kleine Essig«, wie das berühmte Salatdressing von den Franzosen liebevoll genannt wird, hat viele Gesichter. Puristen lieben die kalte Sauce vor allem, wenn sie aus Essig und Öl im Verhältnis 1:2 oder 1:3 gemischt wird; allenfalls verfeinert von etwas Salz, einer Prise Zucker und natürlich frisch gemahlenem Pfeffer.

Ist die Sauce erst einmal fertig, hat sie eine cremige, fast dickflüssige Konsistenz. Die ehemals durchsichtigen Flüssigkeiten haben sich zu einer gelben Emulsion verdichtet. Dass diese Verbindung gelingt, gehört zu den kleinen Küchenwundern, denn eigentlich stoßen sich Essig und Öl grundsätzlich ab. Nur ein mit fester Hand geführter Schneebesen kann beide dazu bewegen, sich miteinander zu mischen. Auch Schütteln hilft. Allerdings nur, wenn der Behälter vorher dicht verschlossen wurde.

Eine Vinaigrette, die nur aus Essig, Öl, Salz und Pfeffer besteht, kann gut für eine Woche im Voraus zubereitet werden. Nach Belieben lässt sich aus der Grundsauce jeden Tag eine neue Variante kreieren. Senf, Gewürze, frisch gehackte Kräuter, Anchovis, Kapern und Schalotten setzen jeweils eigene Akzente, die immer wieder überraschende Geschmacksmomente schenken.

Besser ist aber, Sie experimentieren mit den Grundzutaten und bereiten die Vinaigrette frisch zu. Schließlich gibt bereits die Auswahl von Essig und Öl der Sauce ihren speziellen Charakter. So passt zu einem frischen Feldsalat perfekt eine Vinaigrette aus Himbeeressig und Walnussöl, zu Artischocken hingegen harmoniert Zitronensaft häufig besser als Essig. Und ein mildes Oliven- oder Estragonöl bringt das feine Aroma des teuren Gemüses erst richtig zur Geltung. Die Kombination aus Essig, Öl und Geschmackszutaten eröffnet eine enorme Variationsbreite und macht die Vinaigrette nahezu universal einsetzbar. Sie schmeckt zu Salaten, zu gedünstetem Gemüse, gedämpftem Fisch und sogar zu Fleischgerichten.

ÖL IN FEINEN SAUCEN

Wem die Vinaigrette als Spielwiese der ölhaltigen Saucen nicht ausreicht, kann sich auch an etwas komplizierteren Öl-in-Wasser-Emulsionen versuchen. So ist eine selbst gerührte Mayonnaise doch viel feiner als alles, was es im Glas zu kaufen gibt. Damit das Öl sich gut mit Senf und Eigelb mischt, ist es wichtig, dass alle Zutaten Zimmertemperatur aufweisen. Das im Eigelb enthaltene Lezithin wirkt beim Rühren als natürlicher Emulgator und sorgt dafür, dass die Mayonnaise nicht auseinanderfällt. Obwohl das natürlich passieren kann. Ein Trick: Einfach die Sauce tropfenweise oder in sehr dünnem Strahl unter ein weiteres Eigelb schlagen. So lange bis eine cremige Sauce entsteht. So lässt sich übrigens auch eine verunglückte Hollandaise retten. Allerdings nur, wenn

Aromatisches Öl in Emulsionen mit gutem Essig und Gewürzen ergibt himmlische Saucen.

das Eigelb nicht geronnen ist. In diesem Fall hilft nur noch wegkippen und von vorn anfangen. Zugegebenermaßen wird mit dieser Emulsion die nächste Schwierigkeitsstufe erreicht: Eigelb, Gemüsefond und Öl sollen sich zu einer warmen Sauce verbinden. Die große Gefahr: Die Sauce wird zu heiß aufgeschlagen und das Eigelb gerinnt. Profiköche beugen dieser Gefahr übrigens von vornherein vor und schlagen die Hollandaise nicht in, sondern über einem warmen, nicht kochenden Wasserbad auf. Hat man die richtige Temperatur erwischt, sind Geduld und eine ausdauernde Hand, die den Schneebesen führt, die besten Erfolgsgaranten. So mischt sich das Öl gnädig mit den anderen Zutaten und die Sauce rinnt gelb und cremig über den Löffel auf den Teller.

Ingrid Schindler

KÜCHENPRAXIS

Saucen und Dips auf Ölbasis

Saucen und Dips auf Ölbasis

Ob Vinaigrette, Mayonnaise, Aioli oder Pesto: ohne gutes Speiseöl geht gar nichts. Und die Grundsaucen lassen sich zudem durch Austausch des Öls nach Belieben variieren.

EINE VINAIGRETTE ohne Öl ist keine Vinaigrette. Eine Rouille zur berühmten Bouillabaisse ist ohne Olivenöl kaum denkbar. Und was wäre eine Mayonnaise oder Remoulade ohne feinstes Traubenkernöl?

Solo oder Zugabe

Das eingesetzte Öl verleiht der Sauce eine cremige Konsistenz und das feine Aroma. So werden Saucen zum edlen Speisenbegleiter (z. B. Vinaigrette, Aioli) oder kommen solo als Dips oder Aufstrich gut zur Geltung (z. B. Tapenade, Salsa).

INGWERVINAIGRETTE

3–4 EL Sakeessig • 3–4 EL Mirin
1 TL flüssiger Honig • 75 ml Ingweröl (S. 76) • Meersalz • frisch gemahlener Pfeffer

1. Den Sakeessig mit Mirin und Honig gründlich verrühren, bis sich der Honig ganz aufgelöst hat.

2. Das Ingweröl langsam dazugeben und das Dressing dabei mit einem Schneebesen sämig schlagen. Mit Salz und Pfeffer abschmecken. Passt gut zu Blatt- und Wildkräutersalat sowie zu Möhren.

KÜCHENPRAXIS

Saucen und Dips auf Ölbasis

NUSSÖL-VINAIGRETTE

2 EL Weinessig (oder weißer Aceto balsamico) • 1 Prise Zucker
Salz • frisch gemahlener Pfeffer
½ TL Senf • 2 EL kalt gepresstes Rapsöl • 4 EL kalt gepresstes Haselnussöl (oder Mandelöl)

1. Essig mit Zucker und Salz verrühren, bis sich die Kristalle aufgelöst haben. Etwas Pfeffer und den Senf zugeben und unterrühren.

2. Raps- und Haselnussöl in dünnem Strahl zufließen lassen und mit dem Schneebesen verquirlen, bis das Dressing sämig ist. Passt gut zu Feld- und Blattsalat.

FRANKFURTER MAYONNAISE

2 Eigelbe • 1 TL Senf • Salz
weißer Pfeffer • 1–2 EL Zitronensaft • 200 ml Rapsöl • 100 g Schmand • 1 hart gekochtes Ei
3 EL gehackte gemischte Kräuter

1. Die Eigelbe mit Senf, Salz, Pfeffer und Zitronensaft verrühren. Das Öl zunächst tropfenweise, später in dünnem Strahl zugeben und kräftig unterschlagen, bis die Masse bindet.

2. Den Schmand unter die Mayonnaise ziehen. Das Ei pellen, würfeln und mit den Kräutern unter die Mayonnaise heben. Abschmecken. Passt gut zu Kartoffeln und Fisch.

MAYONNAISE FRISCH ZUBEREITEN

(1) 2 sehr frische Eigelbe in einer Schüssel mit ½ TL Senf, 1 Msp. Curry und 1 EL Limettensaft verrühren.

(2) Insgesamt 150 ml Traubenkernöl zunächst tropfenweise unterschlagen, dann allmählich rascher zugeben.

(3) Die Mayonnaise mit feinem Meersalz und frisch gemahlenem weißem Pfeffer nach Belieben abschmecken.

KÜCHENPRAXIS

Saucen und Dips auf Ölbasis

CHILI-SAFRAN-ROUILLE

1 kleine rote Paprika • 2 rote Chilischoten • 5 Knoblauchzehen ½ TL grobes Meersalz • 6 Safranfäden • 1 sehr frisches Eigelb 1 gegarte, mehlig kochende Kartoffel (vom Vortag) • 150 ml natives Olivenöl extra vergine

KNOBLAUCH-AIOLI

(1) Zunächst 2 Scheiben Weißbrot ohne Rinde zerkleinern und in 120 ml Milch einweichen.

(2) 4–5 Knoblauchzehen schälen, halbieren und mit ½ TL grobem Meersalz im Mörser zerreiben.

(3) Brot und Knoblauch vermischen, 1 Eigelb zugeben und unterrühren. In eine Schüssel umfüllen.

(4) Nach und nach ¼ l Olivenöl unterschlagen. Mit Zitronensaft, Salz und Pfeffer abschmecken.

1. Paprika vierteln, Chilischoten halbieren und alles entkernen. Paprika blanchieren und häuten. Paprika und Chili hacken. Knoblauch abziehen und grob hacken. Knoblauch, Paprika, Chili, Salz und Safran im Mörser zu Brei zerreiben.

2. Das Eigelb zugeben und sorgfältig einarbeiten. Die Kartoffel pellen, mit dem Stößel einarbeiten und die Masse in eine Schüssel geben. Das Öl tropfenweise, später in dünnem Strahl zugeben und kräftig unterschlagen, bis die Rouille cremig ist. Passt zu Fisch, Meeresfrüchten, Kartoffeln, Rohkost und Weißbrot.

KORIANDER-CASHEW-PESTO

75 g Cashewkerne • 40 g Koriander • 40 g Basilikum • 150 ml Distelöl • 1–2 Knoblauchzehen Salz • 30 g geriebener Parmesan

1. Die Cashewkerne ohne Fett anrösten und zerstoßen. Kräuter waschen, Stiele entfernen, mit Cashewkernen und Öl grob pürieren.

2. Den Knoblauch abziehen, mit Salz fein zerreiben. Zusammen mit dem Parmesan unter den Pesto ziehen. Passt zu Pasta und Glasnudeln.

KÜCHENPRAXIS

Saucen und Dips auf Ölbasis

MANGO-PEKANNUSS-PESTO

1 EL Zucker • 30 g Pekannüsse
2 cm frische Ingwerwurzel
½ Knoblauchzehe • ½ Bund Koriander • ½ Bund Petersilie
50 ml Pekannussöl • 50 ml Sonnenblumenöl • Salz • frisch gemahlener Pfeffer • 1 Msp. Chilipulver • ½ Mango

1. Den Zucker goldbraun karamellisieren, die Nüsse zugeben, die Masse sofort auf ein Backblech geben und auskühlen lassen. Inzwischen Ingwer und Knoblauch schälen und hacken. Kräuter waschen, trocken schleudern, Stiele entfernen und mit Ingwer, Knoblauch und Öl pürieren.

2. Das Krokant im Blitzhacker fein zerkleinern, unter die Kräutermischung rühren und mit Salz, Pfeffer und Chili abschmecken. Mango schälen, Fruchtfleisch würfeln und unterheben. Passt zu Pasta und Reis.

SALSA VERDE

2 Knoblauchzehen • 4 EL Kapern
1 Bund Petersilie • 3 Scheiben Toastbrot • 100 ml Sherryessig
100 ml Olivenöl • 1 Prise Zucker
Salz • frisch gemahlener Pfeffer
1 TL grüner Tabasco

1. Knoblauch schälen und hacken. Kapern kalt abspülen und abtropfen lassen. Petersilie waschen, trocken schütteln, Stiele entfernen, Blätter grob hacken. Toastbrot entrinden und in Würfel schneiden.

2. Petersilie, Toastbrot, Knoblauch, Kapern, Essig und etwas Öl in Intervallen im Mixer grob pürieren. Dann das übrige Öl untermixen. Mit Zucker, Salz, Pfeffer und Tabasco abschmecken. Passt gut zu kaltem Braten und zu Kartoffelgerichten.

TAPENADE

200 g schwarze Oliven, ohne Stein
3 Sardellenfilets • 4 Knoblauchzehen • 2 EL Kapern • 1 TL frische Thymianblättchen • 3–4 EL kalt gepresstes Olivenöl • 1 EL Zitronensaft • Salz • frisch gemahlener Pfeffer

1. Die Oliven entsteinen. Sardellen 10 Minuten wässern, dann gut abtropfen lassen. Knoblauch schälen und halbieren, ggf. Keim entfernen.

2. Alle Zutaten in einen Mixer geben und fein pürieren. Mit Salz und Pfeffer abschmecken. Passt gut zu Weißbrot und Pasta.

REZEPTE

Mit Öl kochen ...

... und Vorspeisen genießen

REZEPTE

Salate, Suppen und Snacks

Salate, Suppen und Snacks

Ob kalte oder warme Gerichte: Feine Speiseöle verleihen Salaten, Suppen und kleinen Gerichten aller Art einen ganz besonderen aromatischen Feinschliff.

DIE MENGE einer Zutat ist oftmals gar nicht entscheidend für die Güte einer Speise, so wissen gute Köche. Viel wichtiger ist die Aromaqualität der eingesetzten Lebensmittel. Das zeigt sich ganz besonders auch bei der Verwendung von Speiseölen in der kalten Küche bzw. Vorspeisenküche. Hier dominieren Öle mit individuellen Aromen, die vor allem zum Marinieren und Verfeinern verwendet werden. Ob kalte oder warme Suppen, kleine Gerichte oder Salate – ergänzende und kontrastierende Geschmackskompositionen haben ihren eigenen Reiz, wie das nachfolgende Beispiel verdeutlicht.

TRAUBEN-SELLERIE-SALAT MIT PINIENKERNÖL

Einen Staudensellerie waschen, putzen und in feine Scheiben schneiden. 2 Zitronen halbieren und auspressen. Anschließend 2 Möhren schälen und in feine Stückchen raspeln. Den Staudensellerie mit den Möhrenraspeln vermischen, dann 75 ml Pinienkernöl, den Saft der beiden ausgepressten Zitronen, 1 EL Salz und 1 EL Zucker dazugeben. Die Mischung mit den Händen etwa 4 Minuten kräftig durchkneten, sodass der Sellerie weich wird und die Aromen gut aufnehmen kann. Dann 250 g kernlose Trauben waschen, abtropfen lassen und je nach Größe halbieren. 2 EL Pinienkerne (oder auch Walnüsse) in einer Pfanne mit etwas Pinienkernöl (oder Walnusskernöl) anrösten und dann zusammen mit 50 g gehobeltem Parmesan unter den Trauben-Sellerie-Salat heben. Mit Salz, Zucker und 1 bis 2 TL fein geschnittener Minze abschmecken. Dazu passt ein auf der Haut gebratener Loup de mer oder Zander.

Kleine Kostproben

Einfach, edel und exquisit wie im Nobelrestaurant: Kredenzen Sie Ihren Gästen als Vorspeise ein hochwertiges Öl, das mit dem Hauptgericht korrespondiert, und servieren Sie es mit Meersalz und Weißbrot.

REZEPTE

Salate, Suppen und Snacks

Cappuccino von Roter Bete mit Wodka und Sesamöl

ZUBEREITUNGSZEIT ca. 1 Std.

ZUTATEN (FÜR 6 GLÄSER)
400 g Rote Bete • 200 g mehlig kochende Kartoffeln • 1 Schalotte • 6 EL Sesamöl • 1 Gewürznelke • 2 Lorbeerblätter • 150 ml Weißwein • 8 cl weißer Wodka • ¾ l klarer Geflügelfond (oder Gemüsefond) • ½ TL Korianderkörner • 4 Pfefferkörner • Salz • frisch gemahlener Pfeffer • 200 g geschlagene Sahne

1. Rote Bete und Kartoffeln schälen und beides grob würfeln. Schalotte schälen, fein hacken und in Öl andünsten. Nelke und Lorbeerblätter zugeben und mit Weißwein und 2 cl Wodka ablöschen. Kartoffeln und Rote Bete zugeben, den Fond angießen und die Koriander- und Pfefferkörner zugeben.

2. Die Suppe bei mittlerer Hitze etwa 40 Minuten kochen lassen, dann fein pürieren, durch ein Sieb streichen und mit Salz, Pfeffer und dem restlichen Wodka abschmecken. Nach Belieben mit etwas Fond bis zur gewünschten Konsistenz verdünnen.

SERVIERTIPP Füllen Sie die Rote-Bete-Suppe in Gläser, spritzen Sie etwas Schlagsahne darauf und garnieren Sie mit Schnittlauch oder Blüten.

»Rote-Bete-Caprese«

Für eine Rote-Bete-Mozzarella-Caprese schneiden Sie 500 g gegarte Rote Beten in Scheiben und richten diese mit 250 g in Scheiben geschnittenem Büffelmozzarella auf einer Platte an. Aus 2 bis 3 EL Sesamöl, 3 TL Zitronensaft, ¼ TL gemahlener Gewürznelke, Salz und Pfeffer eine Vinaigrette rühren und darüber träufeln. Die Blättchen von ½ Bund Koriander abzupfen, über der Caprese verteilen und das Ganze mit geröstetem Sesam bestreuen.

S. 47
WARENKUNDE Sesamöl

Fenchelsuppe mit Zitronenölschaum

Ein Häubchen als absolute Krönung: Im Schaum verteilt sich das edle Aroma des Zitronenöls besonders fein.

ZUBEREITUNGSZEIT ca. 1 Std. 15 Min.
FÜR DEN ÖLANSATZ ca. 7 Tage

FÜR DAS ZITRONENÖL
3 unbehandelte Zitronen • ½ l Olivenöl

FÜR DIE FENCHELSUPPE
2–3 Fenchelknollen (ca. 500 g) • 1 Zwiebel
1 Knoblauchzehe • 2 EL Zitronenöl • ½ TL zerstoßene Anissamen • ¼ TL gemahlener Kurkuma • Salz • frisch gemahlener weißer Pfeffer • 75 ml Zitronensaft • 300 ml Gemüsefond (Glas) • 200 g Sahne

FÜR DIE KREUZKÜMMEL-GREMOLATA
1 Scheibe Toastbrot • 1 EL Rosmarinnadeln
4 EL Zitronenöl • ¼ TL fein zerstoßene Kreuzkümmelsamen • Salz • 1 TL abgeriebene Zitronenschale

FÜR DEN ZITRONENÖLSCHAUM
1 frisches Ei • 50 ml Zitronensaft • 70 ml Orangensaft • 100 g Sahne • ½ TL Salz
½ TL Zitronenpfeffer • 170 ml Zitronenöl

ZITRONENÖL
selbst herstellen

(1) Die Zitronen heiß waschen, gut trockenreiben, die Schale in dünnen Zesten abziehen und in ein Glas geben.

(2) Das Öl auf 60 °C erwärmen, über die Zesten gießen und das Glas luftdicht verschließen.

(3) Das Öl 1 Woche an einem warmen Ort stehen lassen und ab und zu schütteln. Dann abpassieren und bis zum Genuss im Kühlschrank aufbewahren.

1. Das Zitronenöl herstellen, wie in der Bildfolge beschrieben. Für die Suppe den Fenchel putzen und klein schneiden. Zwiebel und Knoblauch schälen, fein hacken und mit dem Fenchel in Öl andünsten. Mit Anis, Kurkuma, Salz und Pfeffer würzen, mit Zitronensaft und Gemüsefond ablöschen und etwa 10 Minuten köcheln lassen.

2. Für die Gremolata das Toastbrot entrinden, in Würfel schneiden und mit dem Rosmarin im Öl knusprig braten. Kreuzkümmel und Salz dazugeben und auf einem Sieb abtropfen und auskühlen lassen.

3. Die Sahne in die Suppe geben und alles weitere 5 bis 10 Minuten köcheln lassen. Anschließend fein pürieren, durch ein Sieb passieren, abschmecken und warm halten.

4. Für den Zitronenölschaum Ei, Zitronensaft, Orangensaft und Sahne mit dem Stabmixer schaumig rühren. Würzen und das Öl bei laufendem Mixer nach und nach zugeben. Durch ein feines Sieb passieren und zum Aufschäumen in eine Espumaflasche füllen (oder zum Anrichten erneut mit dem Mixer kräftig aufschäumen).

5. Die Gremolata fertigstellen: Dazu die gebratenen, ausgekühlten Brotwürfel im Mörser zerstoßen und die abgeriebene Zitronenschale dazugeben.

6. Zum Anrichten die Suppe in vorgewärmte Gläser füllen und vorsichtig wenig Öl auf die Suppe geben. Den Zitronenölschaum daraufsprühen und mit der Kreuzkümmel-Gremolata bestreuen.

Ananas-Kokos-Kürbissuppe mit Kürbiskern-Macadamia-Pesto

Fruchtig, exotisch und nussig zugleich: Die Suppe harmoniert perfekt mit dem ausgefallenen Pesto.

ZUBEREITUNGSZEIT 50 Min.

FÜR DIE ANANAS-KOKOS-KÜRBISSUPPE (6 PORTIONEN)
1 Hokkaido Kürbis (ca. 1 kg)
1 weiße Zwiebel • 1 Stück frischer Ingwer (2–3 cm) • 2 EL Raps- oder Sonnenblumenöl
Salz • Zucker • 1 l Ananassaft
1 l Kokosmilch • 1 EL Curry

FÜR DEN PESTO
1 Bund Rucola • 1 EL Rosinen
50 g Macadamianüsse • 100 ml Kürbiskernöl • 20 g Pecorino
Salz • 1 Prise Zucker

REZEPTE

Salate, Suppen und Snacks

1. **Für die Suppe** den Kürbis waschen und halbieren, mit einem Esslöffel die Kerne herauskratzen und das Fruchtfleisch mit der Schale in kleine Stücke schneiden. Die Zwiebel schälen und würfeln. Den Ingwer schälen und fein schneiden.

2. **Das Rapsöl** in einem Topf erwärmen, Zwiebeln, Ingwer und Kürbis zugeben und etwa 5 Minuten anbraten, dabei gelegentlich wenden, dann mit Salz und Zucker würzen, mit Ananassaft und Kokosmilch ablöschen und das Ganze 20 Minuten offen bei mittlerer Hitze kochen lassen.

3. **Die Ananas-Kokos-Kürbissuppe** mit dem Mixer fein pürieren und anschließend mit Curry, Salz und Zucker abschmecken. Die Suppe zugedeckt bis zum Anrichten warm halten.

4. **Für den Pesto** den Rucola verlesen, waschen und sehr gut trockenschleudern. Die Rosinen und die Macadamianüsse hacken. Den Rucola in einem Mixer mit dem Kürbiskernöl pürieren, die Masse in eine kleine Schüssel umfüllen und die gehackten Rosinen und Macadamianüsse unterrühren.

5. **Den Pecorino** fein reiben, zum Pesto geben und unterrühren. Das Pesto mit Salz und nach Bedarf mit etwas Zucker abschmecken.

SERVIERTIPP Richten Sie die Suppe zum Servieren in Gläsern an, geben Sie jeweils 1 bis 2 EL Pesto hinzu und rühren Sie nur kurz um.

Mango-Kürbissuppe

Dünsten Sie 500 g Kürbisfleisch, 1 gehackte Schalotte und 1 Knoblauchzehe in 1 EL Rapsöl an. 1 EL gehackten Ingwer, 1 TL Zitronengraspaste (Asia-Laden) und 1 TL Curry zugeben und mit 150 ml Gemüsefond sowie je 225 ml Mangosaft (oder Multifruchtsaft) und Kokosmilch aufgießen. Garen Sie den Kürbis weich, pürieren Sie die Suppe und schmecken Sie sie ab. Zum Servieren die Suppe in Teller geben und pro Portion mit 1 bis 2 EL Kürbiskernöl beträufeln.

S. 43
WARENKUNDE Kürbiskernöl

S. 71
WARENKUNDE Rapsöl

ARGAN-WATTLESEED-ÖL
frisch herstellen

(1) Das Arganöl mit dem Wattleseed mischen, auf 75 °C erhitzen und diese Temperatur für 30 Minuten halten.

(2) Das Öl durch ein feines Sieb, ein Passiertuch oder eine Filtertüte in ein Gefäß ablaufen lassen.

Rucolaschaum mit Argan-Wattleseed-Öl

Fein-aromatische Akaziensamen, Wattleseed genannt, und hochwertiges Arganöl geben dieser Suppe das besondere Etwas.

ZUBEREITUNGSZEIT ca. 30 Min.
FÜR DEN ÖLANSATZ ca. 40 Min.

FÜR DAS ARGAN-WATTLESEED-ÖL
50 ml Arganöl • 10 g Wattleseedpulver (S. 182)

FÜR DEN RUCOLASCHAUM
2–3 Schalotten • 3 Knoblauchzehen • je 125 g Knollen- und Staudensellerie • 75 g Lauch 1 EL Butter • Salz • 75 ml trockener Weißwein • 150 ml Gemüsefond (Glas) • ½ l Milch 400 g Sahne • 4 Bund Rucola • 25 g geriebener Pecorino • ½ TL Honig

1. Das Argan-Wattleseed-Öl herstellen, wie in der Bildfolge beschrieben. Für die Suppe die Schalotten und den Knoblauch schälen und hacken. Beide Sellerriearten und den Lauch waschen, putzen bzw. schälen und grob zerkleinern. Alles in Butter etwa 5 Minuten farblos andünsten, dann salzen, damit das Gemüse Wasser zieht.

2. Mit dem Weißwein ablöschen, kurz köcheln lassen, damit der Wein die Säure verliert. Mit Gemü-

sefond, Milch und Sahne auffüllen und schwach köcheln lassen, bis das Gemüse weich ist. Mit einem Mixer sehr fein pürieren, durch ein Sieb passieren und diese Grundsuppe abschmecken.

3. Den Rucola von den Stielen befreien, in kochendem Wasser 30 Sekunden blanchieren und sofort in Eiswasser abschrecken. Den Rucola hacken und mit einem Stabmixer in die Grundsuppe einmixen.

4. Den Pecorino und den Honig untermixen, die Suppe dabei gut aufschäumen. In vorgewärmten Tellern anrichten und mit dem Öl einen Kreis auf die Suppe ziehen. Statt Argan-Wattleseed-Öl passt auch Olivenöl mit Thymian, Tomaten oder Trüffel.

S. 40
WARENKUNDE Arganöl

REZEPTE

Salate, Suppen und Snacks

Stielmussuppe mit Kürbiskernöl-Ravioli

ZUBEREITUNGSZEIT
ca. 1 Std. 30 Min.

FÜR DIE KÜRBISKERNÖL-
RAVIOLIFÜLLUNG
150 g Muskatkürbisfleisch
1 EL Weißwein • 1 TL Zucker
½ TL Weißweinessig • 1 Lorbeerblatt • 1 Stück frischer Ingwer
(1–2 cm) • 1 Sternanis • Salz
Cayennepfeffer • 3 EL Kürbiskernöl • 50 g geröstete, fein gehackte Kürbiskerne

FÜR DEN RAVIOLITEIG
130 g Mehl • 1 Ei • 1 Msp. Salz
1–2 EL Olivenöl • 1 Eigelb

FÜR DIE STIELMUSSUPPE
100 g Kartoffeln • 100 g Lauch
1 Zwiebel • 50 g Speck • 40 g
Butter • 300 g Stielmus (Blätter
der weißen Rüben) • 2 Lorbeerblätter • ½ Knoblauchzehe • ¾ l
Gemüsefond (Glas) • 250 g Sahne
Salz • Cayennepfeffer

ZUM ANRICHTEN
3–4 EL Balsamico • 4 EL Kürbiskernöl

1. Für die Raviolifüllung das Kürbisfrucht-
fleisch würfeln, mit Wein, Zucker, Essig, 1 EL
Wasser und Gewürzen 20 Minuten weich kochen, bei Bedarf etwas Flüssigkeit nachgeben
(so wenig wie möglich). Lorbeerblatt und Sternanis entfernen, Kürbiskernöl zugeben und die
Masse pürieren. Die Kürbiskerne untermischen.

2. Für den Ravioliteig Mehl mit Ei, Salz und Olivenöl verkneten, 20 Minuten zugedeckt ruhen
lassen und dann dünn ausrollen. Mit Eigelb bestreichen, die Hälfte mit Häufchen von Kürbis-
masse belegen, die andere Teighäfte darüberle-
gen und runde Raviolis ausstechen.

3. Für die Stielmussuppe die Kartoffeln schälen
und grob zerkleinern. Lauch putzen, waschen
und in Ringe schneiden. Zwiebel schälen und
fein hacken, Speck fein würfeln. Alles in Butter
andünsten. Das Stielmus waschen, putzen, in
Streifen schneiden und zugeben.

4. Die Lorbeerblätter und Knoblauchzehe hinzufügen, Gemüsefond und Sahne angießen,
alles aufkochen und etwa 20 Minuten kochen
lassen. Die Suppe fein pürieren, durch ein Sieb
gießen und mit Salz und Pfeffer abschmecken.

5. Die Raviolis in reichlich Salzwasser etwa
2 Minuten garen. Herausnehmen, abtropfen lassen, in altem Balsamico und Kürbiskernöl nach-
schwenken und in die Suppe einlegen.

Steirische Kürbiskernöl-Kompetenz

Als der Kleinbus mit Touristen auf den Hof der Labuggers in Lebring im Süden von Graz einfährt, zieht sich der alte Labuggerbauer auf die Bank an der Scheune hinter dem gelben Fabrikgebäude zurück. Das Reden mit den Besuchern überlässt er lieber seinem Sohn Franz, für den das Schmieröl, wie die Bauern das dunkelgrün schimmernde Kürbiskernöl früher abschätzig nannten, zum grünen Gold geworden ist. Die Ölmühle ist die modernste im Land und ihr Kernöl wird seit Jahren als steirisches Spitzenprodukt prämiert.

Seit etwa 100 Jahren kultiviert man in der Steiermark den grünen Ölkürbis, dessen Kraft nicht im Fruchtfleisch liegt, sondern in dessen Kernen, die als einzige unter den 160 Kürbissorten ein dünnes Häutchen statt einer Schale aufweisen und sich für die Ölproduktion ganz besonders eignen.

Etwa 5.000 Bauern wie die Labuggers bauen den Ölkürbis in der Steiermark an. Das steirische Weinklima ist für den Kürbis ideal: mild, warm, nicht zu trocken, und der Boden ist so, wie es der Kürbis mag: locker und humusreich.

»Es kommt vor allem auf das Juniwetter an, wie die Ernte im Oktober ausfällt«, erzählt Labugger. Ist das Wetter während der zwei- bis dreitägigen Hauptblüte Ende Juni schlecht, bleiben die Bienen aus und die Insekten sind zum Befruchten der gelben Blüten notwendig. Nur die während dieser Zeit bestäubten Kürbisse bilden viele Kerne aus. »Hummeln sind eigentlich die besseren Bestäuber«, findet der Ölmüller. »Sie sind robuster, besitzen dank ihrer Größe Idealmaße für die Blüten und fliegen im Gegensatz zu den Bienen auch bei schlechterer Witterung und tieferen Temperaturen.«

GESCHÜTZTER GENUSS

Vor den blitzblanken Edelstahlmaschinen in der Mühle erläutert Labugger den Besuchern die Ölherstellung: »Bei der Ernte im Herbst zerhacken Putzmaschinen die Früchte schon direkt auf dem Feld. Die Kerne werden maschinell vom Fleisch getrennt und in der Fabrik gewaschen, getrocknet und gepresst.« Für einen Liter des grünen Speiseöls sind rund 2,5 kg getrocknete Kürbiskerne und dafür wiederum 30 bis 35 Ölkürbisse, je nach Größe und Kernreichtum, nötig. Ein Hektar Land liefert etwa 200 l Öl, wobei die Erträge stark schwanken. »Im einen Jahr ernten wir 500 kg Kerne, im anderen 2.000 kg pro Hektar.«

Das Steirische Kernöl ist heute als Marke in der EU geschützt. Ölkürbisse werden auch in Süddeutschland, Ungarn,

Das heimische Kürbiskernöl inspiriert steirische Köche zu ausgefallenen Rezepturen.

Südrussland, Slowenien, Griechenland, der Schweiz, Ukraine und Türkei kultiviert, doch nirgends hat man eine solche »Kernöl-Kompetenz« entwickelt wie im Südosten Österreichs. »Es gibt kein anderes Produkt, das mit der Steiermark so stark verbunden ist«, ist sich Franz Labugger sicher. Und nirgendwo lassen sich Köche so viel dazu einfallen wie hier. Man verwendet das zähflüssige Öl mit dem würzig-nussigen Geschmack fast überall: im Salat, v.a. im Feld-, Käferbohnen- und Siedfleischsalat, zu Fleisch, Brotaufstrichen, Gemüse, Suppe, Käse und Süßem, wie Strudel oder Eis. Labugger entlässt seine Besucher nicht ohne Kostprobe. Es gibt Rührei mit einem gehörigen Schuss Kernöl und seine neueste Kreation: einen Kernöllikör namens »steirische Urkraft«.

Ingrid Schindler

Artischockencarpaccio mit Estragonöl

ZUBEREITUNGSZEIT 40 Min.
FÜR DEN ÖLANSATZ ca. 10 Tage

FÜR DAS ESTRAGONÖL
1 Bund Estragon • ½ TL zerstoßene schwarze Pfefferkörner • ¼ l Erdnussöl

FÜR DAS ARTISCHOCKENCARPACCIO
100 ml Zitronensaft • 12 Mini-Artischocken
10 EL Estragonöl • Salz aus der Mühle
1 Prise Zucker • 6 EL gehobelter Parmesan
frisch gemahlener Pfeffer • Estragonblätter

1. **Das Estragonöl herstellen,** wie in der Bildfolge beschrieben. In einer Schüssel 70 ml Zitronensaft mit etwa 300 ml Wasser mischen. Die Artischocken putzen: Den Stiel 3 bis 4 cm unter der Frucht abschneiden, alle harten Außenblätter abzupfen und mit einem scharfen Messer alles Grün entfernen, sodass nur die gelbe Frucht übrig bleibt. Den Stielansatz mit dem Messer schälen. Das Blüteninnere mit einem Kugelausstecher entfernen. Die Artischocken sofort in Zitronenwasser legen, damit sie sich nicht verfärben.

2. **Aus dem übrigen Zitronensaft** mit Estragonöl, Salz und Zucker ein Dressing rühren. Die Artischocken sehr fein direkt in das Dressing hobeln und sofort untermischen. Das Carpaccio mit Salz abschmecken und flach auf Teller anrichten. Mit Parmesanspänen belegen, nach Belieben mit Pfeffer übermahlen und mit Estragonblättchen garnieren.

ESTRAGONÖL
selbst herstellen

(1) Vom Estragon die Blätter abzupfen und im Mörser anstoßen, bis sie feucht aussehen und zu duften beginnen. Mit dem Pfeffer in ein Glas geben und mit Erdnussöl übergießen.

(2) Das Glas luftdicht verschließen und den Ansatz mindestens 10 Tage ziehen lassen. Das Öl durch ein feines Sieb abgießen und dunkel und kühl aufbewahren.

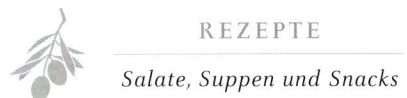

REZEPTE

Salate, Suppen und Snacks

Bauernsalat mit Mohn-Öl-Dressing

ZUBEREITUNGSZEIT ca. 50 Min.

ZUTATEN
1 kleine Salatgurke • 3 Tomaten • 1 gelbe Paprika
2 rote Zwiebeln • 1 EL Sonnenblumenöl • 2 Zitronen
2 EL Mohnpaste (Backwarenabteilung) • 100 ml kalt gepresstes Olivenöl • 1 EL Vanillesalz (oder Hibiskussalz)
2 EL Meerrettich-Dijon-Senf • Zucker • 4 Passionsfrüchte (oder einige Johannisbeeren) • 50 g grüne Oliven (ohne Kern) • 2 EL Kürbiskerne (oder Pistazien) • 1 EL grob gehackter Dill (oder Basilikum) • 200 g Schafkäse

1. Die Gurke waschen, längs halbieren, die Kerne herausschaben und das Fruchtfleisch in 5 mm große Stücke schneiden. Die Tomaten waschen, achteln und die Kerne entfernen. Die Paprika waschen, putzen und dann in 5 mm große Stücke schneiden. Die Zwiebeln schälen, in feine Streifen schneiden und im Öl etwa 2 Minuten anbraten. Tomaten-, Gurkenwürfel und Paprika mit den Zwiebeln mischen. Die Zitronen auspressen.

2. Die Mohnpaste mit Olivenöl, Vanillesalz, Senf und Zitronensaft im Mixer zum Dressing aufmixen, unter das Gemüse kneten und das Ganze 20 Minuten zugedeckt ziehen lassen. Den Salat mit Vanillesalz, Zitronensaft und Zucker abschmecken.

3. Die Passionsfrüchte halbieren und die Kerne herauskratzen. Die Oliven vierteln, die Kürbiskerne in einer beschichteten Pfanne anrösten und mit den Oliven und Passionsfruchtkernen unter den Gemüsesalat heben. Mit gehacktem Dill abschmecken. Den Schafkäse in etwa 1 cm große Stücke bröckeln und zuletzt unter den Salat heben. Baldmöglichst servieren.

S. 35, 70
WARENKUNDE Olivenöl

S. 47
WARENKUNDE Sonnenblumenöl

Ingwermöhrensalat mit Kumquatöl

ZUBEREITUNGSZEIT ca. 2 Std. 45 Min.
FÜR DEN ÖLANSATZ 1–2 Tage

FÜR DAS KUMQUATÖL
6 Kumquats • 1 Chili • 100 ml raffiniertes Erdnussöl

FÜR DEN INGWERMÖHRENSALAT
500 g Bundmöhren • 1 rote Zwiebel • 80 g eingelegter Ingwer • 5 Kaffirlimettenblätter
7 EL Reisessig • 3 EL thailändische Fischsauce
Salz • 3–4 EL gehackte, gesalzene Erdnüsse
Korianderblättchen zum Garnieren

1. Das Kumquatöl herstellen, wie in der Bildfolge beschrieben. Möhren schälen und in Streifen hobeln oder schneiden. Zwiebel schälen und ebenfalls in Streifen schneiden. Beides in kochendem Salzwasser kurz blanchieren. Den Ingwer abtropfen lassen und zusammen mit den Kaffirlimettenblättern in feinste Streifen schneiden.

2. Ingwer, Kaffirlimettenblätter, Reisessig und Fischsauce mit den Möhren und Zwiebeln vermischen, salzen und im Kühlschrank 2 Stunden ziehen lassen. Den Salat auf Tellern anrichten, das Kumquatöl darüber gießen, mit den Erdnüssen bestreuen und mit etwas Koriander garnieren.

KUMQUATÖL
frisch herstellen

(1) Kumquats und Chili waschen, beides in Scheiben schneiden und entkernen. Kumquats und Chili in einer Pfanne ohne Fett andünsten, das Öl aufgießen und auf 60 °C erhitzen.

(2) Die Mischung vom Herd nehmen, in ein hohes Gefäß geben und 5 Sekunden mit einem Pürierstab mixen. Dann abdecken und vor der weiteren Verwendung 24 Stunden ziehen lassen.

TAMARINDENÖL
frisch herstellen

(1) Die Tamarindenpaste in einer Pfanne leicht anrösten, dann mit dem Sonnenblumenöl auffüllen und gut durchrühren.

(2) Das Tamarinden-Öl-Gemisch in ein Einmachglas füllen. 2 Tage ziehen lassen und dann durch ein mit einem Tuch ausgelegtes Sieb ablaufen lassen.

Glasnudelsalat mit Tamarindenöl

Asiatisch angehaucht: Eine Vorspeise mit Glasnudeln und Tamarindenöl-Vinaigrette.

ZUBEREITUNGSZEIT ca. 1 Std. 40 Min.
FÜR DEN ÖLANSATZ ca. 2 Tage

FÜR DAS TAMARINDENÖL
100 g Tamarindenpaste (Asia-Laden) • 100 ml Sonnenblumenöl

FÜR DIE TAMARINDENÖL-VINAIGRETTE
100 ml Geflügelfond • 100 ml Reisessig • 1 TL Waldhonig • 50 g Zucker • 1 EL Fischsauce 1 Stück frischer Ingwer (2 cm) • 1 Knoblauchzehe • 50 ml Tamarindenöl • ½ TL Meersalz

FÜR DEN GLASNUDELSALAT
je 25 g Zucchini, Fenchel, Lauch und Möhre 1–2 Schalotten • 2 EL Traubenkernöl • 150 g Glasnudeln • 1 TL Meersalz • 10 Schnittlauchhalme • 2 Stängel Koriander

1. Das Tamarindenöl herstellen, wie in der Bildfolge beschrieben. Für die Vinaigrette den Geflügelfond mit Essig, Honig, Zucker und Fischsauce erwärmen. Ingwer und Knoblauch schälen und direkt in den Fond reiben. Das Tamarindenöl mit einem Mixer einrühren und mit Salz abschmecken.

2. Für den Glasnudelsalat die Gemüse vorbereiten: Zucchini, Fenchel und Lauch waschen und putzen. Möhre und Schalotten schälen. Alle Gemüse in feine Würfel (Brunoise) schneiden.

3. Die Schalotten zuerst und dann das restliche Gemüse farblos in heißem Traubenkernöl etwa 5 Minuten andünsten und salzen. Anschließend auf ein Blech geben und auskühlen lassen. Dann die Glasnudeln in Stücke brechen. 300 ml Wasser mit 1 TL Salz aufkochen, darüber geben, 1 Minute ziehen lassen, abgießen und abschrecken.

4. Schnittlauch und Koriander waschen und trockenschleudern. In feine Ringe bzw. in feine Streifen schneiden und unter das Gemüse heben. Mit den Glasnudeln vermischen und mit der Vinaigrette marinieren.

REZEPTE

Salate, Suppen und Snacks

Waldorfsalat mit Macadamianussöl

ZUBEREITUNGSZEIT
ca. 45 Min.

FÜR DIE MACADAMIA-
NUSSÖL-MAYONNAISE
1 Eigelb • ½ TL Dijon-Senf
2 EL Distelöl • 100 ml Macadamianussöl • 50 g Sauerrahm
Salz • weißer gemahlener Pfeffer
1–2 TL Zitronensaft

FÜR DEN WALDORFSALAT
300 g Knollensellerie • 2 Äpfel
30 g Zucker • 100 ml Apfelsaft
50 g ungesalzene Macadamianüsse
Salz • 1–2 EL Zitronensaft
100 g Bündnerfleisch (oder milder luftgetrockneter Schinken), dünn geschnitten

1. Für die Mayonnaise Eigelb und Senf gründlich verrühren. Mit einem Schneebesen unter ständigem Rühren die zwei Öle tröpfchen- bzw. löffelweise unterschlagen, sodass eine Emulsion entsteht. Den Sauerrahm zugeben und alles mit Salz, Pfeffer und Zitronensaft abschmecken.

2. Für den Waldorfsalat den Sellerie schälen, in sehr dünne Scheiben und diese wiederum in feine Streifen (Julienne) schneiden. Mit der Mayonnaise mischen. Die Äpfel vierteln und das Kerngehäuse entfernen. Dann die Viertel nochmals dritteln und die Kanten rund schneiden.

3. Den Zucker bei mittlerer Hitze goldbraun karamellisieren, mit dem Apfelsaft ablöschen und auf die Hälfte einkochen lassen. Die Apfelspalten zugeben und weich dünsten. Es sollte nun auch ein Apfel-Karamell-Sirup entstanden sein, der für die Dekoration benötigt wird.

4. Die Macadamianüsse im Ofen bei 180 °C etwa 5 Minuten goldbraun rösten und dann grob hacken. Die Hälfte der Nüsse mit dem Selleriesalat mischen. Gut durchrühren und mit Salz und Zitronensaft abschmecken.

SERVIERTIPP Legen Sie die Äpfel kreisförmig auf Teller, geben Sie den Salat darauf und beträufeln Sie alles mit Sirup. Mit Nüssen bestreuen und das Bündnerfleisch anlegen.

REZEPTE
Salate, Suppen und Snacks

Zucchini in Sternanisöl auf Pilzen in Wacholderöl

Gemüse auf die herbstliche Art: gebraten, mariniert und mit edlen Gewürzölen auf die feinste Art aromatisiert.

ZUBEREITUNGSZEIT 1 Std. 20 Min.
FÜR DEN ÖLANSATZ ca. 1 Stunde

FÜR DAS WACHOLDERÖL
5 Wacholderbeeren • ½ Stange Zitronengras • 50 ml kalt gepresstes Rapsöl

FÜR DIE PILZE IN WACHOLDERÖL
1 Stück frischer Ingwer (3 cm) • 1 rote Zwiebel je 100 g Steinpilze, Pfifferlinge und Kräutersaitlinge • 3 EL Wacholderöl
3 EL Estragonblättchen • 150 g ungesalzene Pistazien • 10 Stachelbeeren
Salz • Zucker zum Abschmecken
1 TL Curry • 5–6 Basilikumblätter

FÜR DAS STERNANISÖL
2 Sternanis • 50 ml kalt gepresstes Rapsöl (oder Sonnenblumenöl)

FÜR DIE ZUCCHINI IN STERNANISÖL
1–2 Zucchini • 1 TL Salz • ½–1 TL Zucker • 10 Scheiben Wacholderschinken • 3 EL Sternanisöl • 2 Zweige Rosmarin • 1 TL Kreuzkümmelsamen

1. Für das Wacholderöl die Wacholderbeeren zerdrücken. Das Zitronengras putzen und mit dem Messerrücken leicht anschlagen. Das Öl auf 40 °C erhitzen, mit Zitronengras und Wacholderbeeren mischen und 1 Stunde ziehen lassen. Dann das Öl durch ein Sieb abgießen und auffangen.

2. Den Ingwer schälen und fein würfeln. Die rote Zwiebel schälen und in Streifen schneiden. Die Pilze (Steinpilze, Pfifferlinge, Kräutersaitlinge) putzen und in etwa 5 mm große Stücke schneiden.

3. Zwiebelstreifen und Ingwer in einer Pfanne in 3 EL Wacholderöl anbraten. Pilze, Estragonblättchen und unzerkleinerte Pistazien dazugeben und etwa 5 Minuten braten, bis das Pilzwasser, das durch das Anbraten entsteht, verdampft ist.

4. Die Stachelbeeren waschen, gut abtropfen lassen und anschließend halbieren. Die Pilze mit Salz, Zucker und Curry abschmecken und die Stachelbeeren untermischen. Mit geschnittenem Basilikum bestreuen und mit Wacholderöl beträufeln.

5. Für das Sternanisöl die Sternanis zerkleinern und das Rapsöl auf 40 °C erhitzen. Die Sternanis dazugeben und das Öl zugedeckt 1 Stunde abkühlen lassen. Durch ein Sieb gießen, das Öl auffangen.

6. Die Zucchini waschen und der Länge nach in 5 mm dicke Scheiben schneiden. Mit Salz und Zucker würzen, 20 Minuten stehen lassen, trocken tupfen. Die Zucchinischeiben in Wacholderschinken einwickeln.

7. In einer Pfanne 3 EL Sternanisöl erwärmen, Rosmarinzweige und Kreuzkümmel hineingeben, dann die Schinken-Zucchiniröllchen einlegen und braten, bis der Schinken knusprig ist.

SERVIERTIPP Zum Servieren setzen Sie die Zucchini auf das Pilzragout. Dazu passen ein auf der Haut gebratener Zander oder auch gefüllte Rinderrouladen.

Blutwurst-Bete-Salat mit Bärlauchöl

ZUBEREITUNGSZEIT ca. 15 Min.
FÜR DEN ÖLANSATZ ca. 8 Std.

FÜR DAS BÄRLAUCHÖL
50 g Bärlauchblätter (oder 8 junge Knoblauchzehen) • ¼ l kalt gepresstes Rapsöl (oder Distelöl)

FÜR DEN BLUTWURSTSALAT
350–400 g schnittfeste Blutwurst, geräuchert
150 g gegarte Rote Bete • 8 EL Bärlauchöl
5 EL Weinessig • Salz • frisch gemahlener Pfeffer • 2 Scheiben Kümmelbrot • 2 EL Butter • 6–8 frische Bärlauchblätter • 1 grüner Apfel • geschabter frischer Meerrettich

1. Das Bärlauchöl herstellen, wie in der Bildfolge beschrieben. Blutwurst und Rote Bete in bleistiftdicke 5 cm lange Streifen schneiden. Mit Bärlauchöl, Weinessig, Salz und Pfeffer marinieren. Das Kümmelbrot würfeln und in Butter goldbraun rösten. Den Bärlauch waschen und streifig schneiden.

2. Den Apfel waschen, vierteln, das Kernhaus entfernen und das Fruchtfleisch in Streifen schneiden. Kurz vor dem Anrichten die Apfel- und Bärlauchstreifen unter den Salat heben. Mit den Kümmelbrot-Croûtons bestreuen und mit dem geschabten Meerrettich garniert servieren.

BÄRLAUCHÖL
selbst herstellen

(1) Die Bärlauchblätter verlesen, waschen, trockenschleudern und fein schneiden (ggf. den Knoblauch als Bärlauchersatz schälen und hacken).

(2) Den Bärlauch (bzw. Knoblauch) im Mörser zerstoßen, sofort in das Öl geben und 6 bis 8 Stunden ziehen lassen.

(3) Das Bärlauch-Öl-Gemisch durch ein feines Sieb abgießen, ausdrücken und das Öl dunkel und kühl aufbewahren.

REZEPTE
Salate, Suppen und Snacks

Meeresfrüchtesalat mit Hummeröl

Die Mühe lohnt sich: Frisch hergestelltes Hummeröl ist deutlich aromatischer als Krustentieröl aus dem Handel.

ZUBEREITUNGSZEIT ca. 1 Std.
FÜR DEN ÖLANSATZ 2 Std. 30 Min.

FÜR DAS HUMMERÖL
500 g Hummerkarkassen • ½ Zwiebel
½ Fenchelknolle • 2 Stangen Staudensellerie • 1 kleine Möhre • 1 g Safranfäden • 1 Tomate • 2 Knoblauchzehen
¼ l Maiskeimöl • 1 EL Tomatenmark
2 Zweige Thymian • 1 Zweig Rosmarin
½ TL zerstoßene Korianderkörner
50 ml kalt gepresstes Olivenöl

FÜR DEN MEERESFRÜCHTESALAT
1 rote Paprika • 1 Fenchelknolle
1 kleine Zitrone • Salz • frisch gemahlener Pfeffer • 120 ml Hummeröl
10 Basilikumblätter • 4 Stangen Staudensellerie (aus dem gelben Herz)
2 Bund Rucola • 300 g gekochter Pulpo
8 Kirschtomaten • 150 g gekochtes Miesmuschelfleisch • 16 Oliven (nach Belieben grün oder schwarz) • 4 Jakobsmuscheln (ausgelöst) • 8 küchenfertige Riesengarnelen

1. Für das **Hummeröl** die Karkassen (Schalen) waschen, abtupfen, zerkleinern und auf einem Blech im Backofen bei 100 °C 20 Minuten trocknen. Die Zwiebel, den Fenchel, den Staudensellerie und die Möhre putzen und in mittelgroße Würfel schneiden.

2. Den **Safran** in 3 bis 4 EL heißem Wasser einweichen. Tomate vierteln, Knoblauch schälen und grob hacken. 100 ml Maiskeimöl erhitzen und die getrockneten Karkassen darin anbraten. Nach 3 Minuten das Gemüse zugeben und die Hitze reduzieren. Knoblauch, Tomate, Tomatenmark, Kräuter, Gewürze und das Maiskeim- und Olivenöl zugeben und 30 Minuten köcheln lassen. Dabei immer wieder kräftig umrühren.

3. Den **Ölansatz** am Herdrand noch 1 Stunde ziehen lassen und anschließend durch ein feines Sieb ablaufen lassen. Das Öl hält sich in einer dunklen Flasche im Kühlschrank bis zu einem Jahr. Wenn es einmal schnell gehen muss, kann man ersatzweise auch fertig käufliches Krustentieröl (oder Vanilleöl) verwenden.

4. Für den Meeresfrüchtesalat die Paprika grillen, bis sich die Haut schwarz färbt. Nach dem Abkühlen die Haut und die Kerne entfernen und die Paprika in Rauten schneiden. Den Fenchel putzen, würfeln und 5 Minuten blanchieren, dann abgießen, abschrecken und abtropfen lassen.

5. Die Zitrone auspressen und den Saft mit Salz, Pfeffer und 120 ml Hummeröl verrühren. Basilikum fein schneiden, zum Dressing geben und abschmecken. Den Staudensellerie waschen, ggf. die Fäden ziehen und die Stangen in dünne Scheiben hobeln.

6. Den Rucola putzen, waschen und sehr gut abtropfen lassen. Auf Teller verteilen. Den Pulpo in gefällige Stücke schneiden und beides mit etwas von dem Dressing marinieren. Die Tomaten halbieren. Paprika, Fenchel, Staudensellerie, Tomaten, Muschelfleisch und Oliven mit dem Dressing marinieren und auf dem Rucola anrichten.

7. Die Jakobsmuscheln und die Riesengarnelen abspülen, trockentupfen, halbieren und grillen (ersatzweise rasch von beiden Seiten in einer Grillpfanne anbraten) und auf dem Salat platzieren.

Focaccia mit Zitronen-Rosmarinöl

ZUBEREITUNGSZEIT ca. 1 Std. 40 Min.
FÜR DEN ÖLANSATZ ca. 7 Tage

FÜR DAS ZITRONEN-ROSMARINÖL
1 unbehandelte Zitrone • 1–2 Zweige Rosmarin
¼ l kalt gepresstes Olivenöl

FÜR DIE FOCACCIA
400 g Mehl • ½–1 Würfel Hefe • ½ TL Zucker
1 EL Salz • 6 – 8 EL Zitronen-Rosmarinöl

1. Das Zitronen-Rosmarinöl herstellen, wie in der Bildfolge beschrieben. Für die Focaccia das Mehl in eine Schüssel geben, in der Mitte eine Mulde machen und die zerbröckelte Hefe mit 100 ml lauwarmem Wasser und dem Zucker anrühren. Zugedeckt 10 Minuten gehen lassen.

2. Weitere 150 ml Wasser und das Salz zum Vorteig geben und alles zu einem geschmeidigen Teig kneten. Abgedeckt noch einmal etwa 30 Minuten gehen lassen, bis der Teig sein Volumen in etwa verdoppelt hat. Den Teig etwas zusammendrücken und behutsam auf ein mit Zitronen-Rosmarinöl gefettetes Backblech legen. Gleichmäßig auf etwa 1 bis 2 cm Dicke drücken.

3. Mit den Fingern kleine Vertiefungen in den Teig stechen und diese großzügig mit Zitronen-Rosmarin-Öl auffüllen. Den Teig noch ein letztes Mal gehen lassen, bis er erneut schön aufgegangen ist und anschließend bei 200 °C etwa 20 bis 25 Minuten goldbraun backen.

ZITRONEN-ROSMARINÖL
frisch herstellen

(1) Die Zitrone heiß abwaschen, trockenreiben und die Schalen ohne die weiße Schalenhaut abschneiden. Vom Rosmarin die Nadeln abzupfen und diese im Mörser anstoßen.

(2) Rosmarin und Zitronenschale in ein Glas geben, mit Öl übergießen, verschließen und mindestens 7 Tage an einem dunklen und kühlen Ort ziehen lassen. Durch ein Sieb abgießen.

REZEPTE

Salate, Suppen und Snacks

Rinderfilet-Tataki mit Sesamölsalsa

ZUBEREITUNGSZEIT ca. 4 Std.

FÜR DAS
RINDERFILET-TATAKI
400 g Rinderfilet • 1 EL Sesamöl
2 EL Sojasauce • 1 TL kalt gepresstes Sonnenblumenöl

FÜR DIE SHERRYBOHNEN
200 g feine grüne Bohnen
1 EL Sherry • 1 EL Sojasauce
2 EL Pflaumensauce (Asia-Laden)
3 EL kalt gepresstes Sonnenblumenöl • 1 TL Sesamöl • 1 EL Sherryessig • 1 EL Chiliöl
Shisokresse zum Garnieren
gerösteter schwarzer Sesam
zum Bestreuen

FÜR DIE SESAMÖLSALSA
2 EL Sojasauce • 2 EL süße
Chilisauce • 1 EL Sesamöl
1 EL kalt gepresstes Sonnenblumenöl

S. 46
WARENKUNDE Sesamöl

S. 47
WARENKUNDE Sonnenblumenöl

1. Für das Tataki das Rinderfilet parieren. Das Sesamöl mit der Sojasauce mischen und das Rinderfilet damit bestreichen. In Frischhaltefolie wickeln und im Kühlschrank 3 Stunden marinieren.

2. Für die Sherrybohnen die Bohnen putzen, in Salzwasser etwa 3 Minuten bissfest garen und in Eiswasser abschrecken. Die Bohnen der Länge nach halbieren (auseinander ziehen). Für die Marinade Sherry, Sojasauce, Pflaumensauce, Sonnenblumen- und Sesamöl mit Sherryessig und Chiliöl vermischen und zu den vorbereiteten Bohnen geben. Mindestens 45 Minuten ziehen lassen.

3. Für die Sesamölsalsa alle Zutaten in einer Schüssel mischen und gut verrühren. Das Rinderfilet aus dem Kühlschrank nehmen, trockentupfen und in einer beschichteten Pfanne im sehr heißen Öl rundherum kurz anbraten. Dann aus der Pfanne nehmen und vor dem Anschneiden mindestens 10 Minuten ruhen lassen.

SERVIERTIPP Schneiden Sie das Rinderfilet sehr dünn auf und richten Sie die Scheiben überlappend kreisförmig auf Tellern an. Die Sherrybohnen in die Mitte geben, das Fleisch mit Sesamölsalsa beträufeln und mit Shisokresse und schwarzem Sesam bestreuen.

Carabinieros in Chorizoöl

ZUBEREITUNGSZEIT ca. 20 Min.
FÜR DEN ÖLANSATZ ca. 15 Min.

FÜR DAS CHORIZOÖL
100 g Chorizo-Wurst • ¼ l Sojaöl

FÜR DIE CARABINIEROS
4 Scheiben Toskana-Brot • 1 Knoblauchzehe
2 sehr reife Tomaten • 1 EL gehackte Petersilie
Olivenöl • 12 geschälte Carabinieros (Gambas, oder Flusskrebse) • 200 ml Chorizoöl • Salz
frisch gemahlener Pfeffer • 1 Prise Zucker
Wildkräuter zum Garnieren • 200 ml Knoblauch-Aioli (mit 4 cl Sherry aromatisiert; S. 82)

1. Das Chorizoöl herstellen, wie in der Bildfolge beschrieben. Das Brot unter dem Grill rösten, dann mit einer Knoblauchzehe abreiben. Die Tomaten häuten, entkernen, in kleine Würfel schneiden und mit der Petersilie und dem Olivenöl mischen.

2. Die Carabinieros trockentupfen und 5 bis 7 Minuten im 80 °C heißen Chorizoöl gar ziehen lassen. Die Tomaten mit Salz, Pfeffer und 1 Prise Zucker würzen, auf die Brotscheiben verteilen und jeweils 3 Carabinieros darauf anrichten.

SERVIERTIPP Verteilen Sie nach Belieben ein paar Tropfen Chorizoöl und ein paar Wurststücke um das Crostino und garnieren Sie mit Wildkräutern. Dazu passt gut Knoblauch-Aioli (S. 82).

CHORIZOÖL
frisch herstellen

(1) Die Chorizo-Wurst klein schneiden und im heißen Öl langsam auslassen, sodass sich das Fett von der Wurst löst. Nicht zu stark erhitzen!

(2) Die Öl-Wurst-Mischung durch ein Sieb abgießen, um die Wurststückchen zu entfernen. Das Öl auffangen.

... und Hauptgerichte genießen

REZEPTE
Fisch, Fleisch und Gemüse

Fisch, Fleisch und Gemüse

Von Kalbfleisch bis Zander und Artischocke bis Zucchini: In Kombination mit hochwertigen Speiseölen setzen Fleisch, Gemüse & Co. zu neuen kulinarischen Höhenflügen an.

Es muss gar nicht viel Öl sein, das bei der Zubereitung von Fleisch, Fisch und Gemüse eingesetzt wird. Viel wichtiger ist die Qualität des Öls und dass sein Aroma zu den Hauptzutaten eines Gerichts passt. Dann ist das Ergebnis mehr als die Summe der Geschmackskomponenten, denn Öl (bzw. Fett) verbindet alle Aromen im Zusammenspiel perfekt.

JAKOBSMUSCHELN IN KOKOSÖL

Eine Ananas schälen, den Strunk herausstechen und die Frucht in 1 cm dicke Scheiben schneiden. 1 TL tasmanischen Pfeffer im Mörser zerstoßen und die Ananasscheiben damit bestreuen. In einer trockenen Grillpfanne von beiden Seiten 2 bis 3 Minuten braten, mit 2 EL heller Sojasauce und 80 ml Geflügelfond ablöschen und 2 Minuten bei schwacher Hitze garen. Dann 4 EL Kokosöl einrühren, die Ananasscheiben damit glasieren und warm stellen. 4 Knoblauchzehen abziehen, in sehr feine Scheiben schneiden und in heißem Öl goldgelb frittieren. Herausheben und auf Küchenpapier abtropfen lassen. Dann 2 EL Korianderblättchen ebenfalls kurz frittieren und auf Küchenpapier abtropfen lassen. 16 Jakobsmuscheln (ohne Corail) waschen, trockentupfen und mit Salz, Pfeffer und 1 Prise Zucker würzen. 2 EL Kokosöl erhitzen und die Jakobsmuscheln darin 1 bis 2 Minuten von beiden Seiten braten. Zum Anrichten je 2 Ananasscheiben auf Teller verteilen und je 4 Jakobsmuscheln darauf setzen. Den Bratensaft aus der Pfanne darüber träufeln. Mit dem frittierten Knoblauch und Koriander bestreuen und mit gerösteten Kokosraspeln garnieren. Dazu passt Curryreis.

Feinschliff mit Öl

Ein gutes Gericht lässt sich durch Zugabe einiger Tropfen hochwertigen Öls steigern: Wählen Sie ein Öl mit (art-)gleichem Aroma, z. B. Kürbiskernöl zu Kürbisrisotto, Krustentieröl zu Meeresfrüchten …

REZEPTE

Fisch, Fleisch und Gemüse

Kalbstafelspitz mit Erdnussöl-Ingwer-Vinaigrette

ZUBEREITUNGSZEIT
ca. 1 Std. 30 Min.

FÜR DEN KALBSTAFELSPITZ
800 g Kalbstafelspitz • 1 Stück Ingwer (3–4 cm) • 6 Limettenblätter • ½ TL schwarze Pfefferkörner • 1 l Fleischfond

FÜR DIE ERDNUSSÖL-INGWER-VINAIGRETTE
1 Stück Ingwer (4–5 cm) • 2 kleine Schalotten • 1 Msp. abgeriebene Limettenschale • 2 EL Limettensaft • 4 EL kalt gepresstes Erdnussöl • Salz • Pfeffer

FÜR DEN PAPAYASALAT
3 EL Fischsauce • 3 EL Zucker
3 EL Limettensaft • 2 grüne Chilis • ½ Knoblauchzehe
1 grüne Gemüsepapaya (800 g)
5 EL geröstete, gehackte Erdnüsse
frittierte Schalottenringe zum Garnieren • Korianderblätter zum Bestreuen

1. Für den Tafelspitz das Fleisch 1 Minute blanchieren und kalt abspülen. Ingwer schälen und in Scheiben schneiden. Fleisch mit Ingwer und Gewürzen in den Fond geben, aufkochen, die Hitze reduzieren und 1 Stunde köcheln lassen. Aufsteigenden Schaum abschöpfen.

2. Für die Vinaigrette den Ingwer schälen und sehr fein würfeln. Schalotten schälen und sehr fein hacken. Alle Vinaigrettezutaten verrühren und mit Salz und Pfeffer abschmecken.

3. Für den Papayasalat die Fischsauce mit Zucker und Limettensaft verrühren, bis sich der Zucker gelöst hat. Die Chilis waschen, entkernen und fein würfeln. Den Knoblauch schälen und sehr fein hacken. Die Gemüsepapaya schälen und in sehr feine Streifen hobeln.

4. Die Papayastreifen, Erdnüsse, Chili- und Knoblauchstückchen mit der Fischsauce vermischen. Zum Anrichten den Tafelspitz aus dem Sud nehmen, in dünne Scheiben schneiden und auf vorgewärmten Tellern anrichten.

SERVIERTIPP Drehen Sie den Papayasalat mit einer Gabel spaghettiartig auf und geben Sie den Salat zum Tafelspitz. Mit den frittierten Schalotten und dem Koriander garnieren.

HOPFENBLÜTENÖL
frisch herstellen

(1) Das Rapsöl unter gelegentlichem Rühren langsam auf 40 °C erhitzen.

(2) Die Hopfenblüten in das warme Öl geben und das Ganze etwa 2 Stunden abkühlen lassen. Dann das Öl durch ein Sieb abgießen und auffangen, die Blüten verwerfen.

Schweinefilet mit Hopfenblütenöl

Das gefüllte Fleisch im raffinierten Brotmantel wird in Alufolie gehüllt und dann im Backofen auf den Punkt gegart.

ZUBEREITUNGSZEIT ca. 2 Std. 40 Min.
FÜR DEN ÖLANSATZ ca. 2 Std.

ZUTATEN
200 ml kalt gepresstes Rapsöl • 3 EL Hopfenblüten (Tee- oder Kräuterladen) • 2 parierte Schweinefilets (800 g) • 12 getrocknete Tomaten, eingelegt in Öl (Feinkostabteilung) 4 Scheiben Tramezzini-Brot • 8 Blättchen frische Pfefferminze • Salz

1. Das Hopfenblütenöl herstellen, wie in der Bildfolge beschrieben. Die Schweinefilets quer halbieren (ergibt 4 Stücke), dann in die 4 Stücke jeweils längs eine Tasche hineinschneiden und je 3 abgetropfte, getrocknete Tomaten in die Filets füllen.

2. Die Tramezzini-Scheiben mit einem Nudelholz dünn ausrollen, 4 Stücke Alufolie ausbreiten, gut mit Hopfenblütenöl einpinseln, die Brotscheiben darauf verteilen und das Brot ebenfalls mit etwas Hopfenblütenöl einstreichen.

3. Je 2 Pfefferminzblättchen auf jedes Brot geben und die gefüllten Filets darauf legen. Die Alufolie

vorsichtig unter Spannung zusammenrollen, dabei darauf achten, dass das Brot ganz um das Filet herum reicht und dabei sogar überlappt. Die Alufolie zu einem Bonbon verdrehen, sodass die Spannung beim Braten hält und die Folie sich nicht öffnet.

4. In einer heißen Pfanne ohne Öl auf beiden Seiten 2 Minuten anbraten, dann im vorgeheizten Ofen bei 200 °C etwa 10 Minuten fertig garen. Die Alupakete vorsichtig öffnen und die Schweinefilets im Brotmantel nochmals in einer Pfanne in etwas heißem Hopfenblütenöl goldgelb nachbraten.

SERVIERTIPP Richten Sie die Schweinefilets im Brotmantel schräg halbiert nach Belieben auf Salat an. Statt Schweinefilet schmeckt Seeteufel oder Lachsfilet sehr gut (8 Minuten im Ofen garen) sowie Ingwermöhrensalat mit Kumquatöl (S. 105).

TONKABOHNENÖL
frisch herstellen

(1) Die Tonkabohne mit einer Muskatreibe direkt in das Öl reiben.

(2) Das Öl auf 60 °C erhitzen und etwa 1 Stunde auf dieser Temperatur halten. Abkühlen lassen und vor der Verwendung 1 Tag ziehen lassen.

Spanferkel in Tonkabohnenöl

Ein scheinbar alltägliches Gericht wird hier raffiniert verfeinert.

ZUBEREITUNGSZEIT ca. 45 Min.
FÜR DEN ÖLANSATZ ca. 1 Tag

FÜR DAS TONKABOHNENÖL
½ l kalt gepresstes Sonnenblumenöl
1 Tonkabohne (0,5 g; oder 1 Vanillestange)

FÜR DAS SPANFERKEL
600 g Spanferkelrücken (ohne Schwarte und Knochen) • feines Meersalz

FÜR DAS KERBELWURZELPÜREE
50 g Schalotten • 400 g Kerbelwurzel (oder Pastinaken) • 2 EL Olivenöl • Meersalz
100 ml Weißwein • 200 g Sahne

1. Das Tonkabohnenöl herstellen, wie in der Bildfolge beschrieben. Den Spanferkelrücken von Sehnen und Fett befreien, mit Salz würzen und in einer beschichteten Pfanne rundherum anbraten.

2. In der Zwischenzeit das Tonkabohnenöl auf knapp 70 °C erhitzen und den Spanferkelrücken einlegen. Einen Kerntemperaturfühler in die Mitte des Fleisches stechen und das Spanferkel etwa

REZEPTE

Fisch, Fleisch und Gemüse

25 Minuten bis zu einer Kerntemperatur von 62 °C garen. Dabei soll das Öl nicht heißer als 70 °C werden.

3. Für das Kerbelwurzelpüree die Schalotten und Kerbelwurzel schälen und fein schneiden. Zuerst Schalotten, dann die Kerbelwurzel in Olivenöl ohne Farbe andünsten. Mit Salz würzen, damit die Kerbelwurzel etwas Wasser zieht. Mit Weißwein ablöschen und reduzieren.

4. Die Sahne zugeben und die Kerbelwurzel bei geringer Hitze weich dünsten, dabei aber nicht stark kochen lassen, da sie sonst den frischen leichten Geschmack verliert.

5. Das Kerbelgemüse mit einem Mixer pürieren und dann durch ein feines Sieb streichen. Wenn nötig, mit wenig Wasser bis zur richtigen Konsistenz verdünnen, das Püree nochmals erwärmen und abschmecken.

Fisch, Fleisch und Gemüse

In Arganöl marinierte Lammkeule

ZUBEREITUNGSZEIT
ca. 1 Std. 45 Min.
MARINIERZEIT ca. 12 Std.

FÜR DIE LAMMKEULE
2 parierte Lammnüsschen (aus der Keule geschnitten • 1–2 TL Limettenschalenzesten • 3 Sternanis • 2 Chilis • 1 Zimtstange 1 EL Melange Noir (oder Pfeffer) ½ l–600 ml Arganöl (oder Olivenöl mit Limone) • Salz

FÜR DEN WÜRZJOGHURT
200 g türkischer Joghurt (natur) 1 Prise Melange Noir (oder Pfeffer) Maldon Sea Salt Flakes (oder Meersalz) • 2 EL Limettensaft

FÜR DEN DATTEL-COUSCOUS
600 ml Gemüsefond • 1 EL Raz el Hanout • Maldon Sea Salt Flakes (oder Meersalz) • frisch gemahlener Pfeffer • 100 g Datteln, entkernt und gehäutet • 200 g Couscous • 50 g Petersilie

S. 72
KÜCHENPRAXIS Confieren

1. Für die Lammkeule die Lammnüsschen nebeneinander in ein möglichst kleines, hitzebeständiges Gefäß geben. Limettenschale, Sternanis, Chilis, Zimt und Melange Noir hinzufügen und mit dem Arganöl übergießen, sodass die Nüsschen bedeckt sind. Das Ganze kühl stellen und 1 Tag marinieren lassen.

2. Am nächsten Tag das hitzebeständige Gefäß auf den Herd stellen und die Lammnüsschen im Öl confieren: Dazu das Öl auf 70 bis 75 °C erwärmen, die Temperatur halten und die Nüsschen etwa 1 Stunde 40 Minuten im Öl garen.

3. Für den Würzjoghurt alle Zutaten miteinander verrühren. Für den Couscous den Gemüsefond mit Raz el Hanout aufkochen und mit Salz und Pfeffer abschmecken. Die Datteln würfeln und unter den Couscous mischen. Die Dattel-Couscous-Mischung in ein flaches Gefäß geben, mit dem heißen Gemüsefond übergießen und zugedeckt quellen lassen.

4. Die Petersilie waschen, trockenschleudern, in feine Streifen schneiden und unter den Dattel-Couscous heben. Zum Anrichten den Dattel-Couscous kreisförmig auf vorgewärmte Teller geben. Die Lammnüsschen aus dem Öl nehmen, aufschneiden, mit etwas Salz würzen und auf dem Couscous arrangieren. Den Würzjoghurt und etwas Arganöl außen herum träufeln.

REZEPTE

Fisch, Fleisch und Gemüse

Gefüllte Poulardenbrust mit Zitronen-Olivenöl-Hollandaise

Zartes Fleisch, feinaromatische Füllung und eine luftige Sauce dazu – ein schönes Sommergericht.

ZUBEREITUNGSZEIT
ca. 1 Std. 10 Min.

FÜR DIE ZITRONEN-OLIVENÖL-HOLLANDAISE
½ Schalotte • 150 ml trockener Weißwein • 1 Lorbeerblatt • 3 weiße Pfefferkörner • 1–2 Eigelbe • 80 g flüssige lauwarme Butter • 3–4 EL Zitronen-Olivenöl • Salz • Cayennepfeffer
1 EL Zitronensaft • 1 Msp. abgeriebene Zitronenschale

FÜR DIE POULARDENBRUST
4 Poulardenbrüste mit Haut • 1 Bund Blattpetersilie • 1 Knoblauchzehe
3 EL weiche Butter • 2 EL fein geriebener Parmesan • ½ TL abgeriebene Zitronenschale • Salz • frisch gemahlener Pfeffer • Öl zum Braten
Zitronen-Olivenöl • 1 Bund Thymian

1. Für die Hollandaise die Schalotte schälen und in Streifen schneiden. Den Weißwein mit dem Lorbeerblatt, den Schalottenstreifen und den Pfefferkörnern auf etwa ein Drittel einkochen, dann durch ein feines Sieb abgießen und die Reduktionsflüssigkeit auffangen. Lauwarm abkühlen lassen.

2. Die Reduktion mit den Eigelben verrühren und über dem heißen Wasserbad mit einem Schneebesen sehr luftig aufschlagen. Beginnt sich die aufgeschlagene Masse zu festigen, vom Wasserbad nehmen. Die Butter und das Zitronen-Olivenöl tröpfchenweise unterschlagen, bis eine cremige Konsistenz entstanden ist. Mit Salz, Pfeffer, Zitronensaft und -schale abschmecken.

3. Die Poulardenbrüste von Fett und Sehnen befreien, waschen und trockentupfen. Mit einem spitzen Messer jeweils eine kleine Tasche in jedes Brustfilet schneiden.

4. Die Blattpetersilie in kochendem Wasser 3 Sekunden blanchieren, dann in Eiswasser abschrecken. Das Wasser durch ein Sieb abgießen, die Petersilie sehr gut ausdrücken

und anschließend mit einem Küchenmesser fein hacken; grobe Stiele entfernen. Den Knoblauch abziehen und fein hacken.

5. Die Butter mit der Petersilie, dem Parmesan, der abgeriebenen Zitronenschale und dem fein gehackten Knoblauch vermengen, mit Salz und Pfeffer abschmecken. Diese Masse in einen Spritzbeutel füllen und damit die Tasche im Brustfilet füllen.

6. Das Fleisch mit Salz und Pfeffer würzen und in einer ofenfesten Pfanne in heißem Öl bei mittlerer Hitze auf der Hautseite etwa 3 Minuten anbraten. Dann auf die Fleischseite wenden und die Haut mit Zitronen-Olivenöl bepinseln. Den Thymian darauf verteilen und die Geflügelbrust je nach Dicke des Fleisches 7 bis 8 Minuten im vorgeheizten Backofen bei 175 °C fertig garen.

SERVIERTIPP Schneiden Sie die Poulardenbrüste in Scheiben und richten Sie sie mit der Hollandaise auf vorgewärmten Tellern an. Dazu passt gut ein Kartoffelpüree, abgeschmeckt mit Olivensalz sowie im Ofen mit Olivenöl und Kräutern geschmorte Tomatenhälften.

Putensteaks in Gewürzöl

Ein scheinbar alltägliches Gericht wird hier raffiniert mit Erdnussöl, Zitronengras, Ingwer und Sternanis verfeinert.

ZUBEREITUNGSZEIT 1 Std.
MARINIERZEIT 12 Std.
FÜR DEN ÖLANSATZ ca. 2 Std.

FÜR DAS GEWÜRZÖL
2 Stangen Zitronengras • 1 Stück Ingwer (2–3 cm) • 3 Sternanis
300 ml kalt gepresstes Erdnussöl

FÜR DIE PUTENSTEAKS
4 dickere Scheiben Putenbrust (à 150 g) • 100 g Mangowürfel
50 ml Mangoessig (oder Obstessig) • 1 TL brauner Zucker
2 EL fein gehackter Koriander
Salz • frisch gemahlener Pfeffer

FÜR DEN CHILI-
ERDNUSS-REIS
1–2 Zwiebeln • 1–2 rote Chili
2 EL Erdnussöl • 200 g Basmatireis • 5–6 EL geröstete und gehackte Erdnüsse, ungesalzen
feines Meersalz • 1 TL Sesamöl

1. **Das Gewürzöl herstellen,** wie in der Bildfolge beschrieben. Vom fertigen Gewürzöl etwa 50 ml für die Vinaigrette abnehmen und durch ein Sieb gießen. Das restliche Öl (etwa 250 ml) mit den Gewürzen über das Fleisch geben. Wenn möglich, das marinierte Fleisch über Nacht, mindestens aber 2 Stunden zugedeckt und kühl gestellt durchziehen lassen.

2. **Das Gewürzöl,** das für die Vinaigrette beiseitegestellt wurde (50 ml) mit den Mangowürfeln, dem Mangoessig, dem braunen Zucker und dem Koriander verrühren. Die Marinade mit Salz und Pfeffer würzig abschmecken. Bis zum Servieren abgedeckt kühl stellen.

3. **Für den Chili-Erdnuss-Reis** die Zwiebeln schälen und fein hacken. Die Chilis waschen, halbieren, entkernen und das Fruchtfleisch sehr fein hacken. Die Zwiebeln mit den Chiliwürfeln in Erdnussöl farblos anbraten. Den Reis dazugeben und mit 240 ml Wasser aufgießen. Einmal aufkochen, einen Deckel auflegen und bei ganz kleiner Hitze etwa 10 Minuten quellen lassen.

4. **Die Putenbrustscheiben** aus der Marinade nehmen, leicht abtupfen, mit Salz und Pfeffer würzen und in der Pfanne von beiden Seiten scharf anbraten. Im vorgeheizten Backofen bei 180 °C je nach Fleischdicke etwa 6 bis 10 Minuten fertig garen. Vor dem Anrichten die gerösteten Erdnüsse zum Reis geben und mit Salz und Sesamöl abschmecken. Das Fleisch auf einer vorgewärmte Platte mit der Mangomarinade anrichten. Den Reis separat dazu reichen.

GEWÜRZÖL
frisch herstellen

(1) Für das Gewürzöl das Zitronengras putzen, mit dem Fleischklopfer anschlagen und klein schneiden.

(2) Den Ingwer schälen und reiben. Die Sternanis in einer beschichteten Pfanne anrösten, dann das Öl zugeben.

(3) Zitronengras und Ingwer ins Öl geben und das Ganze etwa 5 Minuten auf 60 °C erhitzen. Das Gewürzöl 2 Stunden ziehen und abkühlen lassen.

Erdnussöl – weltweit beliebt

Erdnussöl ist in der Küche Asiens unentbehrlich. Es wird aus der ölhaltigen, eiweiß- und Vitamin-E-reichen Arachis hypogaea gewonnen, die eigentlich gar keine Nuss, sondern eine Hülsenfrucht ist. Roh schmeckt sie ein wenig nach Erbsen (peas). Trotz ihres hohen Fettgehalts von fast 50 % gilt die Erdnuss als gesundes, diätetisches Lebensmittel, das aufgrund seines hohen Anteils an ein-

Das Öl dieser Hülsenfrucht hat es hierzulande zu keiner großen Popularität gebracht.

fach und mehrfach ungesättigten Fettsäuren dazu beitragen kann, den Cholesterinspiegel zu senken.

Wenn in asiatischen Rezepten von Öl die Rede ist, liegt man mit dem milden, geschmacks- und geruchsneutralen Erdnussöl immer richtig. Raffiniertes Erdnussöl kann sehr hoch erhitzt werden und eignet sich wegen seines hohen Rauchpunkts (230 °C) sehr gut zum Braten und Frittieren. Inder rösten im heißen Erdnussöl Curry-Gewürze, wie Sesam-, Bockshornkleesamen und Senfsaat, vor dem Gebrauch kurz an, da jene dadurch erst ihren vollen Geschmack entfalten; sie braten Blumenkohl, Kartoffeln oder Okraschoten in Erdnussöl für klassische Gemüsecurries scharf an, frittieren Chapati-Brot darin und bereiten rassiges Rindfleischcurry und andere Gerichte mit Erdnüssen und deren Öl zu. Chinesen, Vietnamesen oder Thailänder verwenden das Öl zum Kurzbraten von Fleisch und Gemüse im Wok, Indonesier marinieren in würziger Erdnusssauce und Erdnussöl die berühmten Satéspießchen, bevor sie auf den Grill kommen. Man verwendet es auch in der kalten Küche, wie zum Beispiel für die saftigen thailändischen Glasnudel- und rohen Papayasalate. In einigen der erfrischenden, fruchtig-scharfen Salate ersetzen Erdnüsse das Öl.

DAS »SPANISCHE NÜSSCHEN«

Entgegen ihrer kulinarischen Verankerung in Fernost liegt die Heimat der Erdnuss nicht in Asien, sondern in Südamerika. Ihre Wildform stammt vermutlich aus Brasilien. Schon vor über 4.000 Jahren wurde sie in Kolumbien, Peru und später in Mexiko von den Inkas kultiviert. Spanische und portugiesische Eroberer haben sie im 16. Jahrhundert nach Europa gebracht, wo man jedoch kaum Notiz von den »spanischen Nüsschen« nahm. In der Schweiz heißen Erdnüsse heute noch so.

Mit Seefahrern, Eroberern und Missionaren gelangten Erdnüsse nach Südostasien. Sklavenhändler schätzten die nahrhaften Fruchtkerne als Schiffsproviant und ernährten damit verschleppte Afrikaner auf der Überfahrt von Westafrika in die amerikanischen Südstaaten. Dort waren die Nüsse lange Zeit als Sklaven- und Armennahrung verpönt und wurden erst als Soldatennahrung im amerikanischen Bürgerkrieg in den Nordstaaten bekannt. Als gegen Ende des 19. Jahrhunderts auf Jahrmärkten und Zirkusvorführungen in Tüten abgefüllte, geröstete Erdnüsse als Snack angeboten wurden, änderte sich ihr Image als Notnahrung grundlegend. Man liebt sie mittlerweile in den Staaten und das nicht erst, seit Charles M. Schulz mit den Peanuts eine erfolgreiche Comicserie schuf und der Erdnussfarmer Jimmy Carter US-Präsident wurde.

BUTTERERSATZ UND DIÄTÖL

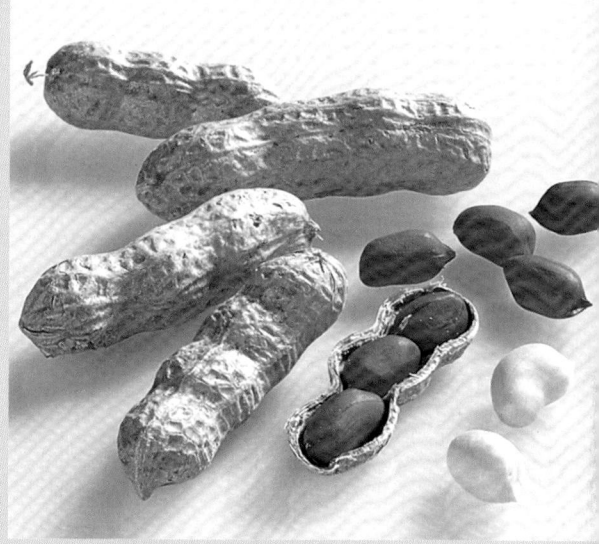

Im Gegensatz zu den Asiaten mögen Amerikaner Erdnüsse nicht nur salzig, sondern süß, wie zum Beispiel in Form von Erdnuss-Schokoriegeln, -Cookies, -Törtchen oder Peanutbutter. Letztere hat der Arzt John Harvey Kellogg Ende des 19. Jahrhunderts als diätetisches Lebensmittel für Zahnlose entdeckt. Der Brotaufstrich aus Erdnüssen, Salz, Zucker, Stabilisatoren und Öl ist in Amerika, Großbritannien, den Niederlanden und Südafrika ausgesprochen beliebt und versteckt sich in vielen Süß- und Backwaren. In der EU ist er als Erdnussmus, -paste bzw. -crème im Handel, da die Bezeichnung »Butter« nur bei Milchprodukten zulässig ist. In wirtschaftlich knappen Zeiten fungierte Erdnussöl in Europa als Butterersatz in Backwaren und ist ein Bestandteil von Margarine. Doch weder Erdnussbutter noch -öl erreichen in der Alten Welt, die von einheimischen Ölen wie Raps- oder Olivenöl geprägt ist, so hohe Popularität. Doch seit deutsche Banker fehlende Millionenbeträge als »Peanuts« bezeichneten, ist zumindest das Wort in aller Munde.

Ingrid Schindler

REZEPTE

Fisch, Fleisch und Gemüse

Wachtelbrüste in Kamillenöl

ZUBEREITUNGSZEIT ca. 2 Std. 30 Min.
FÜR DEN ÖLANSATZ ca. 2 Std.

FÜR DAS KAMILLENÖL
200 ml kalt gepresstes Raps- oder Sonnenblumenöl
3 EL getrocknete Kamillenblüten

FÜR DIE WACHTELBRÜSTE
8–12 Wachtelbrüste mit Haut, ohne Knochen • 12 gekochte, geschälte Esskastanien • 2 rote Paprikaschoten • 1 rote Zwiebel • Salz • Szechuan-Pfeffer • 1 Vanilleschote

1. Für das Kamillenöl das Öl auf 30°C erwärmen, die Kamilleblüten dazugeben und das Öl zugedeckt abkühlen lassen. Die Wachtelbrüste in den Ölansatz geben, 2 Stunden marinieren lassen, dann herausnehmen und mit Küchenpapier von den Blüten befreien. Das Öl durch ein Sieb abgießen, auffangen, in einem schmalen Topf auf 60 °C erwärmen und die Wachtelbrüste etwa 15 Minuten darin confieren. Nicht über 80 °C erhitzen!

2. Die Esskastanien vierteln. Die Paprika waschen, entkernen und würfeln. Die Zwiebel schälen, in feine Streifen schneiden und in 2 EL Kamillenöl anbraten. Die Maronen und Paprikawürfel zugeben, salzen und pfeffern. Vanilleschote schlitzen, zugeben und 5 Minuten mitgaren. Die Wachtelbrüste aus dem Öl nehmen, auf der Hautseite 2 Minuten knusprig anbraten.

SERVIERTIPP Würzen Sie die Wachtelbrüste mit etwas Salz und gemahlenem Szechuan-Pfeffer und richten Sie sie im Kreis um das Esskastaniengemüse an.

S. 71
WARENKUNDE Rapsöl

S. 72
KÜCHENPRAXIS Confieren

Hüttenkäse-Ravioli mit Kaffeeöl

Raffiniert gefüllt und aromatisch: Dieses Pastagericht kommt auch gut ohne Fleisch aus.

ZUBEREITUNGSZEIT
ca. 1 Std. 15 Min.
FÜR DEN ÖLANSATZ 25 Min.

FÜR DAS KAFFEEÖL
3 EL Kaffeebohnen • 75 ml Raps- oder Sonnenblumenöl

FÜR DIE HÜTTENKÄSE-RAVIOLI
320 g Dinkelmehl • 3 Eier
1 rote Zwiebel • 20 g Macadamianüsse • 50 g Berberitzen (oder getrocknete Aprikosen) • 1 EL Curry • Salz • 100 g Hüttenkäse
1 EL gehackte Minze • 1 Eigelb

1. **Das Kaffeeöl herstellen,** wie in der Bildfolge beschrieben. Für die Hüttenkäse-Ravioli das Mehl mit den Eiern und 3 EL Kaffeeöl zu einem Teig kneten, 20 Minuten in Frischhaltefolie eingepackt im Kühlschrank ruhen lassen.

2. **Die Zwiebel schälen** und in sehr feine Würfel schneiden. Die Macadamianüsse hacken. Die Zwiebelwürfel mit den gehackten Nüssen in etwa 2 EL Kaffeeöl anbraten, die Berberitzen (oder klein geschnittenen Aprikosen) dazugeben, mit Curry und Salz würzen. Den Hüttenkäse und die Minze unterrühren und die Masse 10 Minuten im Kühlschrank ruhen lassen.

3. **Den Nudelteig** mit einer Nudelmaschine zu Platten ausrollen, die Füllung mit einem Löffel in kleinen Häufchen darauf verteilen. Die Teigränder mit Eigelb einstreichen, eine zweite Teigplatte darauf legen, die Ränder zwischen der Füllung leicht andrücken und die Ravioli mit etwa 5 bis 6 cm Durchmesser ausstechen.

4. **Die Ravioli** portionsweise in leicht kochendem Wasser 3 bis 4 Minuten garen, dann mit einem Schaumlöffel herausnehmen, kurz abtropfen lassen und in den restlichen etwa 2 EL Kaffeeöl in einer beschichteten Pfanne auf dem Herd kurz durchschwenken.

SERVIERTIPP Servieren Sie die Hüttenkäse-Ravioli mit Kaffeeöl solo oder mit rosa gebratenem Rehrücken oder gebratenem Seeteufel.

KAFFEEÖL
frisch herstellen

(1) Die Kaffeebohnen in einer beschichteten Pfanne ohne Fett etwa 2 Minuten anrösten, bis sie duften.

(2) Das Öl dazugeben, die Mischung 20 Minuten ziehen und dabei abkühlen lassen. Anschließend das Öl durch ein feines Sieb abgießen, um die Kaffeebohnen zu entfernen.

REZEPTE

Fisch, Fleisch und Gemüse

Steinpilzrisotto

ZUBEREITUNGSZEIT ca. 2 Stunden 30 Min.

ZUTATEN
600 g Steinpilze • 150 g Schalotten • 4 EL Steinpilzöl • ½ l Gemüsefond (Glas) • 2 Lorbeerblätter • 2 Knoblauchzehen • 250 g Risottoreis • 150 ml Weißwein • 100 g geriebener Parmesan • 80 g Schnittlauchröllchen Meersalz • frisch gemahlener Pfeffer

1. Die Steinpilze putzen und klein schneiden, die Abschnitte aufheben. Schalotten schälen und würfeln. Steinpilzabschnitte und 1 EL Schalotten in 1 EL Steinpilzöl andünsten, mit Gemüsefond aufgießen und aufkochen, 1 Lorbeerblatt und 1 Knoblauchzehe zugeben und 2 Stunden ziehen lassen.

2. Den Steinpilzfond durch ein Tuch abgießen und auffangen. Den Reis mit den Schalotten in 1 EL Öl andünsten, die übrige Knoblauchzehe sowie das Lorbeerblatt dazugeben und das Ganze mit Wein ablöschen. Nach und nach mit heißem Steinpilzfond auffüllen, dabei immer wieder umrühren, damit der Risotto eine sämige Konsistenz erhält.

3. Kurz vor Ende der Garzeit – die Reiskörner sollen noch einen leichten Biss haben – die Steinpilze anbraten, die Hälfte mit Parmesan und Schnittlauch unter den Reis mischen und mit Salz und Pfeffer abschmecken. 2 EL Steinpilzöl unterziehen und die restlichen Pilze auf dem Risotto verteilen.

Risotto mit Trüffel

4 Schalotten schälen, fein würfeln und in 1 EL Sonnenblumenöl anbraten. Geben Sie 250 g Risottoreis und 1 Lorbeerblatt dazu und dünsten Sie das Ganze glasig an, dann mit 100 ml trockenem Weißwein ablöschen. 25 g (Nettogewicht) Sommertrüffel aus dem Glas klein schneiden und dazugeben. Nach und nach etwa ¾ l heißen Gemüsefond dazugeben und den Reis unter Rühren in etwa 20 Minuten körnig garen. Mit Trüffelöl beträufeln und mit geriebenem Parmesan servieren.

S. 51
WARENKUNDE Steinpilzöl

HOLUNDERBLÜTENÖL
frisch herstellen

(1) Die Holunderblüten verlesen, dabei ggf. grüne Stiel- und Stängelteile entfernen. Die Blüten mit dem Öl übergießen. Das Gefäß dicht verschließen.

(2) Die Blüten mindestens 1 bis 2 Wochen im Öl ziehen lassen, durch ein feines Sieb abgießen und das Öl kühl und dunkel aufbewahren.

Saiblingsfilet in Holunderblütenöl

Das feine Aroma des Fisches harmoniert perfekt mit dem selbst hergestellten Öl.

ZUBEREITUNGSZEIT ca. 45 Min.
FÜR DEN ÖLANSATZ 14 Tage

FÜR DAS HOLUNDERBLÜTENÖL
50–75 g Holunderblüten • ½ l kalt gepresstes Erdnussöl (oder Sonnenblumenöl)

FÜR DAS SAIBLINGSFILET
4 Saiblingsfilets mit Haut (à 160–180 g)
4 Kopfsalatherzen • 1 Schalotte • 1 ½ EL Butter • 100 ml klarer Fischfond (Glas) • Salz frisch gemahlener Pfeffer • einige Holunderblüten zum Garnieren

1. Das Holunderblütenöl herstellen, wie in der Bildfolge beschrieben. Die Saiblingsfilets von Gräten befreien. Das Holunderblütenöl in einem flachen Topf oder in einer Pfanne auf 70 bis 80 °C erwärmen und die trockengetupften Saiblingsfilets hineinlegen. Bei dieser Temperatur mit Öl bedeckt etwa 20 Minuten glasig gar ziehen lassen.

2. Die Kopfsalatherzen von allen großen und ledrigen Außenblättern befreien, waschen und trockenschleudern. Die Schalotte schälen, fein wür-

feln und anschließend in Butter in einem kleinen Kochtopf glasig andünsten.

3. Den Fond angießen und die Kopfsalatherzen hineinlegen. Zugedeckt weich dünsten, mit Salz und Pfeffer würzen. Die Kopfsalatherzen aus dem Garsud nehmen und zugedeckt warm stellen. Den Garsud bei großer Hitze offen sämig einkochen lassen oder nach Belieben binden.

SERVIERTIPP Richten Sie die abgetropften Saiblingsfilets zusammen mit den Kopfsalatherzen auf vorgewärmten Tellern an. Mit etwas Garsud beträufeln und mit frischen Holunderblüten garnieren.

Pochierter Heilbutt mit Rosenblütenöl

Der zarte Geschmack des selbst hergestellten Rosenblütenöls passt perfekt zu sanft gegartem, edlem Fischfleisch.

ZUBEREITUNGSZEIT 1 Std. 30 Min.
FÜR DEN ÖLANSATZ 2 Tage

FÜR DAS ROSENBLÜTENÖL
30 g Bio-Rosenblüten • 200 ml raffiniertes Sonnenblumenöl

FÜR DEN ESTRAGONSCHAUM
½ l Fischfond (Glas) • 50 g Schalottenwürfel • 2 geputzte Champignons 50 g Butter • 175 ml trockener Weißwein • 70 ml Noilly Prat (oder trockener Wermut) • 400 ml Crème double ¼ Bund Estragon • feines Meersalz

FÜR DEN HEILBUTT
4 Schalotten • 25 g Butter • 50 ml Noilly Prat (oder trockener Wermut) 100 ml Weißwein • 2 Knoblauchzehen 2–3 EL Rosenblütenöl • 4 Heilbuttfilets (à 150 g) • feines Meersalz

1. Das Rosenblütenöl herstellen, wie in der Bildfolge beschrieben. Für den Estragonschaum den Fischfond auf etwa ein Fünftel einkochen lassen. Die Schalotten und die Champignons in Butter anschwitzen, mit dem Weißwein und dem Noilly Prat aufgießen und das Ganze auf ein Fünftel reduzieren.

2. Den reduzierten Fischfond dazugeben, mit der Crème double auffüllen, die Mischung unter Rühren einmal aufkochen und dann vom Herd nehmen. Den Estragon zugeben und die Sauce 20 Minuten zugedeckt ziehen lassen. Durch ein feines Sieb gießen, die Sauce nochmals aufkochen und mit Salz abschmecken.

3. Für den Heilbutt die Schalotten schälen und in feine Würfel (Brunoise) schneiden. In heißer Butter ohne Farbe andünsten, mit Noilly Prat und Weißwein ablöschen und kurz aufkochen, damit der Alkohol verfliegt. Die Knoblauchzehen andrücken und mit in den Fond geben.

4. Das Rosenblütenöl in den Fond geben und diesen nicht mehr kochen lassen. Die Heilbuttfilets salzen, in den Fond geben und bei geringer Hitze je nach Dicke der Filets auf jeder Seite etwa 2 Minuten garen. Die Filet herausnehmen und den Fond nach Belieben durch ein feines Sieb zum Estragonschaum geben.

SERVIERTIPP Reichen Sie zu den Heilbuttfilets Weißbrot, Reis und ein Chicorée-Tomaten-Gemüse mit Knoblauch, Vanille und Safran.

ROSENBLÜTENÖL
frisch herstellen

(1) Die Rosenblüten in einen kleinen Topf geben und mit dem Sonnenblumenöl übergießen.

(2) Die Mischung auf 75 °C erwärmen, ausschalten und 1 Stunde zugedeckt ziehen und abkühlen lassen. In ein dicht schließendes Glas umfüllen und weitere 2 Tage ziehen lassen. Das Öl durch ein Sieb abgießen.

Ölgeschmack im Vergleichstest

Die Qualität eines Olivenöls kann man wie beim Wein am besten in einer Degustation erleben. Vielfach bekannt sind die Tests des FEINSCHMECKERS oder der Züricher Hochschule für Angewandte Wissenschaft in Wädenswil (ZHAW), die seit 2002 den »Olive Oil Award« verleiht. Er basiert auf den Ergebnissen von Tests, bei denen sensorisch ausgebildete Verkoster blind, d.h. ohne Kenntnis von Herkunft, Produzent, Olivensorte u.a., in Einzelkabinen über hundert Flaschen Olivenöl »extra vergine« nach den Maßstäben des Internationalen Olive Oil Council beurteilen. Öl-Degustationen für interessierte Verbraucher finden sich vor allem bei Messen, wie etwa auf der Kulinarik-Messe »Gourmesse« in Zürich. Hier verkosten Konsumenten Olivenöl und erhalten dabei verlässliche Kriterien zur Beurteilung der Ölqualität an die Hand. Die Olivenöl-Degustationsbar auf der »Gourmesse« ist mit denselben Ölen bestückt, die die Fachtester beim Award bewerten. Nur darf hier jeder sehen, woher das Öl stammt, und seine Degustations-Öle selbst auswählen. Lebensmitteltechnologe Martin Popp von der ZHAW erklärt das Prozedere. Wie bei den Profitestern gießt er zwei Esslöffel Öl in eines der bauchigen, blauen Gläser mit Deckel, die zu Hunderten für die Verkostungen bereitstehen. Um das Öl leicht zu erwärmen, lässt er das Glas eine halbe Minute in der Hand kreisen, wobei sein Daumen den Deckel festhält.

Die Geruchsprobe ist der erste Analyseschritt, bei dem geschulte Nasen fehlerhaftes Öl mit negativen Geruchseigenschaften herausschnüffeln und aussortieren. Popp gibt den Laientestern Beispiele: »Olivenöl, das stichig-schlammig riecht, hat gegärt. Ein typischer Fehler, der daher rührt, dass die Ölpresse nicht sauber gereinigt wurde. Wenn es modrig-feucht riecht, dann wurde es zu feucht gelagert. Riecht es ranzig, haben es Licht bzw. Sauerstoff verdorben«, erläutert der Experte. Weitere Filterkriterien sind modriger, weinig-essigsaurer oder metallischer Geruch. Im Ernstfall werden die Ergebnisse pro Öl auf einem Profilblatt festgehalten.

PRÜFEN MIT ALLEN SINNEN

Der anschließende Geschmackstest fordert Laien noch mehr. Popp verteilt jeweils die Hälfte des Öls aus einem Testglas im Mund. Nach 15 bis 20 Sekunden spuckt er es aus und reinigt zwischen den Proben gelegentlich den Mund mit Wasser oder Brotstückchen. Beim Olive Oil Awards würden nun die Sensoriker die einzelnen Geschmacksnuancen auf den Profilblättern notieren. Die Bewertungskriterien reichen von grün, reif, fruchtig, fett, scharf, bitter bis süß und werden auf einer Skala von mild, mittel bis intensiv erfasst. Außerdem ordnen die Tester jedem Öl Geschmacksnoten

Ein ausgezeichnetes Öl muss seine Aromenvielfalt jedes Jahr erneut unter Beweis stellen.

zu, etwa grüne/reife Tomaten, Äpfel, Bananen, grüne/gekochte Artischocken, Pilze, Kräuter, Nüsse u.a. Beurteilt wird auch die Harmonie eines Öls und seine Nachhaltigkeit auf dem Gaumen. In einem letzten Test werden dann die herausragenden Öle für die Prämierung noch einmal miteinander verglichen.

»Ein Produzent, dessen Öl letztes Jahr einen Preis erhielt, muss nicht zwangsläufig in diesem Jahr mit seinem neuen Öl unter den Besten sein«, merkt Popp an. »Möglicherweise reicht das Öl desselben Produzenten in keiner Weise an die Aromenvielfalt des Vorjahresöls heran.« Was zeigt: Weder der Name des Herstellers, noch der Preis oder andere Angaben auf dem Etikett bürgen für eine besonders gute Qualität, sondern allein der Geschmack.

Ingrid Schindler

Schellfisch aromatisiert in Senfsaat

ZUBEREITUNGSZEIT ca. 30 Min.

ZUTATEN
1–2 reife Feigen • 4 dicke Schellfischfilets (à 150 g, ohne Gräten)
1 rote Zwiebel • 2 EL Senfsaat
2 Kardamomkapseln • 1 Msp. Zucker
2 Zweige Majoran • 200 ml Rapsoder Sonnenblumenöl • Salz

1. Die Feigen abreiben und aus den Früchten 8 Scheiben schneiden. In die Schellfischfilets quer eine Tasche einschneiden und je zwei Feigenscheiben hineinlegen. Die rote Zwiebel schälen und in feine Streifen schneiden.

2. In einem Topf ohne Öl die Senfsaat, den Kardamom und die Zwiebeln 2 Minuten anbraten, Zucker und Majoran zugeben und mit dem Öl aufgießen. Das Ganze auf 70 bis 80 °C erhitzen. Die Schellfischfilets mit Salz würzen und im warmen Öl etwa 6 Minuten garen, dabei einmal wenden, dann herausnehmen.

SERVIERTIPP Reichen Sie gedünsteten Spitzkohl mit Vanillesalz oder Risotto dazu.

REZEPTE

Fisch, Fleisch und Gemüse

Kartoffel-Stockfisch-Püree mit Wildkräuterpesto

ZUBEREITUNGSZEIT ca. 1 Std. 30 Min.
EINWEICHZEIT FÜR DEN FISCH ca. 24 Std.

FÜR DAS KARTOFFEL-STOCKFISCH-PÜREE
500 g Stockfisch • 500 g mehlig kochende Kartoffeln • Salz • 2 Zwiebeln • 1 Knoblauchzehe • 1–2 EL Olivenöl • 150 g Sahne • 1 frisches Lorbeerblatt

FÜR DEN WILDKRÄUTERPESTO
20 g Rucola • 10 g Salbei • 10 g Blattpetersilie • 6 Stängel Thymian • 120 ml Bärlauchöl • 30 g geröstete Sonnenblumenkerne • 1 Knoblauchzehe • Salz • frisch gemahlener Pfeffer • 30 g geriebener Parmesan

1. Den Stockfisch 24 Stunden in kaltem Wasser einweichen, dabei öfters das Wasser wechseln. Anschließend den Fisch mit kochend heißem Wasser übergießen und 15 Minuten ziehen lassen. Haut und Gräten entfernen, das Fischfleisch in Stücke zerlegen. Kartoffeln schälen und in Salzwasser weich kochen. Für den Pesto alle Zutaten bis auf den Parmesan mischen und pürieren. Mit Salz und Pfeffer abschmecken und den Parmesan unterrühren.

2. Die Zwiebeln schälen und fein hobeln. Den Knoblauch abziehen und fein hacken. Zwiebeln und Knoblauch in Öl glasig andünsten und den Fisch kurz darin anbraten. Sahne und Lorbeerblatt aufkochen, durch ein Sieb zu den abgetropften Kartoffeln geben und diese zu Püree stampfen. Den Stockfisch vorsichtig unterziehen, auf Teller anrichten und mit dem Pesto beträufeln.

Petersfisch in Fenchel-Orangenöl

Zart gegart in Confieröl mit Orange und Fenchel, kommt der kostbare Fisch aromatisch veredelt auf den Tisch.

ZUBEREITUNGSZEIT ca. 30 Min.
FÜR DEN ÖLANSATZ ca. 4–5 Std.

FÜR DAS FENCHEL-ORANGENÖL
2 Orangen • 2 Lorbeerblätter • 1 EL Fenchelsamen • 100 ml Olivenöl
100 ml Orangenöl (S. 182)

FÜR DIE LIMONEN-BEURRE BLANC
2 Schalotten • 50 g kalte Butter • 5 EL trockener Weißwein • 5 cl Noilly Prat (oder trockener Wermut) • 2 EL Limettensaft • 1 Msp. abgeriebene Limettenschale • 2 Lorbeerblätter • Salz
1 Prise Cayennepfeffer

FÜR DEN PETERSFISCH
4 Petersfischfilets (à 120 g; oder Steinbutt) • feines Meersalz

FÜR DEN COULIS VON FINGERLIMES
3 Fingerlimes (oder 4 EL Limettenfilets)
1 Msp. Piment d'Espelette

FÜR DEN ORANGENPUDER
30 g Maltodextrose (Apotheke oder S. 182)

1. **Das Fenchel-Orangenöl herstellen,** wie in der Bildfolge beschrieben. Für die Limonen-Beurre blanc die Schalotten schälen und in dünne Streifen schneiden, in 1 EL Butter farblos andünsten, mit Weißwein und Noilly Prat ablöschen. Limettensaft und -schale sowie Lorbeerblätter zugeben und die Flüssigkeit auf die Hälfte einkochen lassen.

2. **Die Petersfischfilets salzen.** Das Fenchel-Orangen-Öl auf etwa 50 °C erwärmen, die Petersfischfilets hineingeben und im Öl etwa 15 Minuten confieren (S. 72), dabei darauf achten, dass das Confieröl nicht heißer als 50 bis 60 °C wird.

3. **Den reduzierten Schalotten-Sud** durch ein feines Sieb abgießen und den Inhalt des Siebs gut ausdrücken. Den aufgefangenen Sud erneut erhitzen, mit Salz und Pfeffer abschmecken und die restliche kalte Butter unterschlagen.

4. **Für den Coulis von Fingerlimes** die Fingerlimes aufschneiden und die Fruchtfleischkerne auslösen. Aus der Kasserolle mit dem Petersfisch 2 EL vom warmen Confieröl abnehmen und mit dem vorbereiteten Fingerlimesfruchtfleisch verrühren. Mit Piment d'Espelette würzen.

5. **Für den Orangenpuder** aus der Kasserolle mit dem Petersfisch 3 EL vom warmen Confieröl abnehmen, mit der Maltodextrose verrühren und in einer kleinen Pfanne leicht anrösten.

SERVIERTIPP Zum Anrichten umgießen Sie die Petersfischfilets mit Limonen-Beurre blanc. Geben Sie den Coulis von Fingerlimes darauf und bestreuen Sie die Fischfilets mit dem Orangenpuder. Als Beilage eignet sich Fenchel, gedünstet in Orangensaft und mit Fenchelsamen und Sternanis gewürzt.

FENCHEL-ORANGENÖL
frisch herstellen

(1) Die Orangen heiß waschen, trockenreiben und die Schale abreiben.

(2) Die Lorbeerblätter in breite Streifen schneiden, die Fenchelsamen im Mörser grob zerstoßen.

(3) Öle, Gewürze und Schalenabrieb mischen, auf 100 °C erhitzen, dann abkühlen und 4 Stunden ziehen lassen. Das Öl durch ein feines Sieb abgießen.

Zander confiert in Erdbeer-Tomaten-Öl

Bei milder Temperatur in fruchtigem Öl gegart, bleibt der Fisch zart und saftig.

ZUBEREITUNGSZEIT ca. 3 Std. 45 Min.
FÜR DEN ÖLANSATZ ca. 2 Std.

FÜR DAS ERDBEER-TOMATEN-ÖL
2 Sternanis • 100 g reife Erdbeeren
12 Kirschtomaten • 300 ml Sonnenblumenöl

FÜR DEN TOMATEN-KORIANDER-SUD
300 g reife Tomaten • 100 g reife Erdbeeren
¼ rote Chili • 1 Bund Koriander • 3 EL Rohrohrzucker • 1 Sternanis • 4 EL kalt gepresstes Sonnenblumenöl • Salz • frisch gemahlener weißer Pfeffer

FÜR DEN CONFIERTEN ZANDER
4 Zanderfilets (à 140 g; oder Heilbutt)
300 ml Erdbeer-Tomaten-Öl • 4 Erdbeeren

ERDBEER-TOMATEN-ÖL
frisch herstellen

(1) Die Sternanis im Mörser fein zerstoßen. Erdbeeren und Tomaten waschen. Das Öl auf 120 °C erhitzen, Erdbeeren und Tomaten zugeben, 2 Minuten heiß halten, Sternanis zugeben.

(2) Den Ölansatz 2 Stunden abkühlen lassen, dann auf 160 °C erhitzen und 2 Minuten warm halten. Das Öl durch ein feines Sieb abgießen; auch die Rückstände im Sieb (Pulp) aufheben.

1. Das Erdbeer-Tomaten-Öl herstellen, wie in der Bildfolge beschrieben. Neben dem durch das Sieb abgelaufenen Öl auch den Pulp (d. h. die Feststoffe im Sieb) zur Weiterverarbeitung aufheben.

2. Für den Tomaten-Koriander-Sud die Tomaten überbrühen, abschrecken, häuten und den Stielansatz entfernen. Die Erdbeeren waschen, putzen und abtropfen lassen. Die Chili entkernen. Den Koriander waschen und trockenschütteln. Die eine Hälfte grob, die andere fein hacken.

3. Den Pulp vom Ölansatz mit Tomaten, Erdbeeren, Chili, grob gehacktem Koriander, Zucker und Sternanis mischen und fein pürieren. Im Kühlschrank 3 Stunden ziehen lassen, dann durch ein Sieb streichen. Den fein gehackten Koriander und das Sonnenblumenöl einrühren und den Sud mit Salz und weißem Pfeffer abschmecken.

3. Für den confierten Zander das Erdbeer-Tomaten-Öl in einer Pfanne auf 80 °C erhitzen. Die Zanderfilets trockentupfen, hineingeben, einen Deckel auflegen und die Filets bei schwacher Hitze 2 Minuten garen. Dann wenden und bei geschlossenem Deckel weitere 8 bis 10 Minuten garen.

SERVIERTIPP Nehmen Sie die Fischfilets aus dem Öl, salzen Sie sie und richten Sie sie auf einem Spiegel von Tomaten-Koriander-Sud an. Nach Belieben jedes Fischfilet mit einer frischen Erdbeere garnieren.

REZEPTE

Fisch, Fleisch und Gemüse

Langusten und Auberginen in frischem Minzöl

Die Frische von Pfefferminze und eine leichte Schärfe von Zitronengras und Ingwer prägen dieses festliche Gericht.

ZUBEREITUNGSZEIT ca. 3 Std. 30 Min.
FÜR DEN ÖLANSATZ ca. 3 Std.

FÜR DAS MINZÖL
200 ml raffiniertes Rapsöl • 1 Bund Pfefferminze

FÜR DIE LANGUSTEN UND AUBERGINEN
1 Zwiebel • 1 Stängel Zitronengras • 1 Stück frischer Ingwer (2–3 cm) • ½ Fenchelknolle • 1 l Apfelsaft • 2 Lorbeerblätter • 2 Langusten (oder 2 Hummer) • 1 Aubergine (oder Pak Choi) • Vanillesalz • Szechuan-Pfeffer

1. Für das Minzöl das Öl auf 35 bis 40 °C erwärmen, die gesäuberte Pfefferminze hineingeben, einen Deckel auflegen und das Öl an einem warmen Ort mindestens 3 Stunden ziehen lassen.

2. Für die Langusten die Zwiebel schälen und grob würfeln. Das Zitronengras putzen und grob zerkleinern. Den Ingwer schälen und grob hacken. Den Fenchel putzen, waschen und in 5 mm große Stücke schneiden.

3. Den Apfelsaft und 2 l Wasser mit Zwiebel, Zitronengras, Ingwer, Fenchel und Lorbeerblättern aufkochen. Die Langusten einzeln kopfüber in den kochenden Fond geben, je 5 Minuten 30 Sekunden kochen, dann herausnehmen und abschrecken.

Das Langustenfleisch aus der Schale brechen, den Darm entfernen, die Schwänze längs halbieren.

4. Die Aubergine waschen, trockenreiben und in 5 mm dicke Scheiben schneiden. In etwas heißem Minzöl goldgelb anbraten, aus der Pfanne nehmen und warm stellen. Die Hitze reduzieren, noch etwa 100 ml Minzöl in die Pfanne geben und auf etwa 30 °C temperieren.

5. Die Langustenschwänze langsam in dem Minzöl etwa 4 Minuten erwärmen. Dabei das Öl nicht zu heiß werden lassen, da sonst das Langustenfleisch zäh wird.

6. Zum Anrichten die Auberginen mit warmem Minzöl glasieren. Die Langustenteile darauf platzieren und alles leicht mit Vanillesalz und Szechuan-Pfeffer würzen.

S. 43, 71
WARENKUNDE Rapsöl

S. 73
KÜCHENPRAXIS Braten

... und Desserts genießen

REZEPTE
Süßspeisen und Gebäck

Süßspeisen und Gebäck

Speiseöl und Süßes? Ob Creme, Eis, Soufflé oder Gebäck: Feine Öle lassen sich auch hier gut einsetzen und sorgen für kulinarische Überraschungen.

Egal, ob Sie Speiseöle oder ätherische Öle einsetzen: selbst Klassiker der Dessert- und Süßspeisenküche lassen sich durch sie leicht aromatisch abwandeln und machen auch Süßes zu völlig neuen Geschmackserlebnissen. Hierzu ein Beispiel für eine delikate Soufflé-Variation:

TOPFENSOUFFLÉ MIT HIMBEERÖL

Zunächst ein Himbeeröl herstellen, wie es in der Küchenpraxis auf Seite 76 beschrieben wird. Für das Topfensoufflé 2 frische Eigelbe mit 2 EL Zucker zu einer festen Schaummasse aufschlagen. Anschließend 150 g Topfen (oder in einem Küchentuch ausgepressten Quark) unter die Schaummasse ziehen. 2 Eiweiße mit 3 EL feinem Zucker zu sehr steifem Schnee schlagen und ebenfalls mit einem Spatel vorsichtig unter die Eigelb-Topfencreme heben. Die Masse in 4 ausgebutterte und mit Zucker ausgestreute Porzellan-Souffléförmchen geben und glatt streichen; die Förmchen sollen höchstens drei Viertel voll sein. Stellen Sie die Souffléförmchen in ein fingerhohes Wasserbad und backen Sie das Ganze im vorgeheizten Backofen (180 °C Ober-/Unterhitze, mittlere Schiene) etwa 16 bis 18 Minuten. Die fertigen Soufflés vorsichtig aus dem Ofen nehmen, den Rand jeweils mit einem spitzen Messer lösen, die Soufflés aus den Förmchen stürzen und mit der gebräunten Seite nach oben auf vorgewärmten Tellern anrichten. Jeweils dünn mit Puderzucker bestäuben und mit Himbeeröl (S. 76) be- und umgießen. Zum Garnieren ein paar frische Himbeeren dazulegen. Nach Belieben können Sie auch ein frisch zubereitetes Himbeersorbet dazureichen.

Tropfenweise Aroma

Der Dessertbereich ist ein optimales Versuchsfeld für Öl-Experimente der besonderen Art: Mit wenigen Tropfen ätherischen Öls lassen sich Cremes, Parfaits, Eis und Teige nach Belieben intensiv aromatisieren.

REZEPTE
Süßspeisen und Gebäck

Weiße Schokoladenmousse mit Zitrusfruchtöl-Emulsion

Lorbeer zum Verfeinern von weißer Schokolade und eine sämige Fruchtsauce mit Zitrusfruchtöl setzen hier interessante aromatische Akzente.

ZUBEREITUNGSZEIT
ca. 4 Std. 30 Min.
FÜR DIE EMULSION ca. 24 Std.

FÜR DIE ZITRUSFRUCHTÖL-EMULSION
50 ml Zitrusfruchtöl (S. 77) • 1 Pink Grapefruit • 1 Limette • 1 Orange • 3 EL Pfirsichessig (oder Mangoessig) • 1 Prise Zucker • frisch gemahlener Pfeffer • Cayennepfeffer

FÜR DIE WEISSE SCHOKOLADENMOUSSE
150 g Sahne • 2–3 frische Lorbeerblätter • 100 g weiße Kuvertüre • 2 EL Butter • 1 Eigelb 1 kleines Ei • 2–3 EL Zucker

FÜR DIE GETROCKNETEN ORANGEN
2 Orangen • 1 EL Zucker
1–2 cl Grand Manier

1. **Für die Zitrusfruchtöl-Emulsion** das Zitrusfruchtöl herstellen, wie auf Seite 77 beschrieben. Für die weiße Schokoladenmousse die Sahne in einem Topf leicht erwärmen, dann die Lorbeerblätter hinzugeben. Die Sahne auskühlen lassen und mit den Lorbeerblättern 24 Stunden im Kühlschrank ziehen lassen.

2. **Für die Schokoladenmousse** die Kuvertüre hacken, zusammen mit der Butter über einem heißen Wasserbad schmelzen und abkühlen lassen. Eigelb und Ei mit dem Zucker schaumig schlagen. Die Lorbeer-Sahne-Mischung durch ein Sieb gießen und die Sahne steif schlagen.

3. **Ein Drittel der Sahne** unter die Schaummasse heben, dann die Kuvertüre-Butter-Mischung unterziehen und zuletzt die restliche Sahne unterheben. Die Mousse in Portionsschälchen füllen, glatt streichen und mindestens 3 Stunden im Kühlschrank durchkühlen lassen.

4. **Für die getrockneten Orangen** die Orangen filetieren. Die Orangenfilets gut abtropfen lassen und anschließend den Zucker und den Grand Manier untermischen.

5. Die Orangenfilets mit etwas Abstand auf ein mit Backpapier belegtes Blech geben und im Ofen bei 100 °C Umluft 1 Stunde 30 Minuten trocknen. Die Zitrusfruchtöl-Emulsion fertigstellen: Grapefruit, Limette und Orange auspressen, die Säfte mischen, auf die Hälfte reduzieren und anschließend auskühlen lassen.

6. Die Saftreduktion mit dem Essig verrühren. Das Zitrusfruchtöl löffelweise mit dem Mixer unterschlagen. Die Emulsion mit Zucker, Pfeffer und Cayennepfeffer abschmecken. Zum Anrichten die Schokoladenmousse auf Dessertteller stürzen und diese mit den Orangenfilets und der Emulsion garnieren.

REZEPTE

Süßspeisen und Gebäck

Karamellorangen mit Crêpes

ZUBEREITUNGSZEIT ca. 2 Std.

FÜR DIE CRÊPES
¼ l Milch • 2 Eier • 100 g Mehl • ½ TL abgeriebene Orangenschale • 2 cl Grand Manier

FÜR DIE KARAMELLORANGEN
4 Orangen • 100 g Muscovadozucker • 300 ml Orangensaft • 100 ml Vin Santo (italienischer Süßwein) • 100 g Butter • 1–2 EL Orangenöl • Muscovadozucker zum Bestreuen • 100 g Cantuccini (italienisches Mandelgebäck)

1. Für die Crêpes alle Zutaten mit einem Mixer zu einem glatten Teig verrühren, diesen 1 Stunde zugedeckt ruhen lassen und durch ein feines Sieb passieren. In einer beschichteten Pfanne 6 bis 8 möglichst dünne Crêpes ausbacken.

2. Für die Karamellorangen die Orangen filetieren. Den Zucker in einem Topf karamellisieren lassen, mit Orangensaft ablöschen und unter Rühren auf etwa 100 ml einkochen lassen. Den Vin Santo dazugeben und die Butter stückchenweise unterschlagen. Das Orangenöl und die Orangenfilets hinzufügen.

3. Die gebackenen Crêpes in Viertel falten, mit etwas Zucker bestreuen und im Ofen bei starker Oberhitze (220 °C) oder unter dem Backofengrill hellbraun karamellisieren lassen.

SERVIERTIPP Richten Sie die Karamellorangen auf Tellern an, legen Sie je 1 bis 2 Crêpes dazu und bestreuen Sie das Dessert mit den gehackten Cantuccini.

REZEPTE

Süßspeisen und Gebäck

Tomate und Mozzarella mit Basilikumpesto und Vanilleöl

ZUBEREITUNGSZEIT ca. 2 Std.
FÜR DEN ÖLANSATZ 24 Std.

FÜR DAS VANILLEÖL
50 ml kalt gepresstes Sonnenblumenöl • 1 Vanilleschote

FÜR DIE VANILLETOMATEN
4 reife Tomaten • ½–1 TL Vanilleöl • 1 EL Vanillezucker

FÜR DEN SÜSSEN BASILIKUMPESTO
50 g Zucker • 1 Bund Basilikum
2 EL geröstete Mandelblättchen
1 Msp. abgeriebene Zitronenschale
½ TL Vanilleöl • geröstete Mandelblättchen zum Garnieren

FÜR DAS SAUERRAHMEIS
1 ½ Zitronen • 100 g Puderzucker • 300 g Sauerrahm

S. 47
WARENKUNDE Sonnenblumenöl

S. 77
KÜCHENPRAXIS Vanilleöl

1. Das Vanilleöl zubereiten, wie in der Küchenpraxis auf Seite 77 beschrieben. Für die Vanilletomaten die Tomaten mit kochendem Wasser überbrühen, abschrecken und häuten. Den Stielansatz entfernen, die Tomaten vierteln und die Tomatenkerne entfernen.

2. Die Tomatenfilets mit Vanilleöl nappieren, mit dem Vanillezucker bestreuen und auf einem mit Backpapier belegten Backblech ausbreiten. Die Tomatenfilets bei 80 °C Umluft etwa 1 Stunde 30 Minuten im Ofen trocknen (sie sollen angetrocknet, nicht vollständig getrocknet sein).

3. Für den Basilikumpesto 50 ml Wasser mit dem Zucker aufkochen und auskühlen lassen. Das Basilikum waschen und trockenschleudern. Den kalten Zuckersirup mit den übrigen Zutaten in einem Mixer fein pürieren.

4. Für das Sauerrahmeis die Zitronen auspressen. Den Puderzucker sieben und unter den Zitronensaft rühren, zuletzt den Sauerrahm unterziehen. Die Masse in einer Eismaschine zu einem cremigen Eis gefrieren.

SERVIERTIPP Geben Sie die Tomaten auf Dessertteller, setzen Sie jeweils eine halbkugelartige Portion Sauerrahmeis darauf und garnieren Sie mit dem Pesto und gerösteten Mandeln.

REZEPTE

Süßspeisen und Gebäck

Vanilleeis mit Rosenöl und karamellisierten Pistazien

ZUBEREITUNGSZEIT ca. 1 Std. 10 Min.

FÜR DAS VANILLEEIS MIT ROSENÖL
50 g Pistazien • 170 g Zucker • Öl für die Folie
2 Vanilleschoten • ¼ l Milch • 250 g Sahne
4–5 Eigelbe (120 g) • 6–8 Tropfen ätherisches
Rosenöl (Apotheke oder S. 182) • 200–250 g
gemischte Waldbeeren • 1 TL Puderzucker
1 cl Himbeergeist (oder Obstler)

1. Für das Roseneis die Pistazien grob hacken. 2 EL Zucker in einer Pfanne goldgelb karamellisieren und die Pistazien unterrühren. Die Masse auf ein Stück geölte Alufolie geben, auskühlen lassen und in Stücke brechen. Die Vanilleschoten aufschlitzen.

2. Milch, Sahne und Vanilleschoten aufkochen, dann die Schoten entfernen. Eigelbe und 150 g Zucker verrühren, die heiße Milch-Sahne zugeben und die Masse auf dem Herd unter ständigem Rühren auf 72 °C erwärmen (»zur Rose abziehen«).

3. Die Eismasse abkühlen lassen, dann das Rosenöl unterrühren und die Masse in der Eismaschine frieren. Sobald das Eis fest wird, die Pistazien zugeben und ein paar Runden in der Eismaschine mitlaufen lassen. Die Waldbeeren waschen, abtropfen lassen und mit Puderzucker und Himbeergeist vermischen. Das Eis auf den Waldbeeren anrichten.

Kokos-Minz-Parfait

Schlagen Sie 2 sehr frische Eigelbe mit 80 g Zucker und 1 Päckchen Vanillezucker sehr schaumig auf. Ziehen Sie 225 ml Kokosmilch, 250 g Sahne und 1 bis 2 EL ätherisches Minzöl unter, streichen Sie die Masse in eine Kastenform (etwa ¾ l Inhalt) und stellen Sie diese für etwa 4 Stunden in das Tiefkühlgerät. Zum Servieren die Form in heißes Wasser tauchen, das Parfait auf eine Platte stürzen, in gerösteten Kokosraspeln wälzen und in Scheiben schneiden.

S. 56
WARENKUNDE Ätherische Öle

Das ganze Tal duftet nach Rosen

Abermillionen Damaszener Rosen erfüllen mit ihrem betörenden, süßen Duft im späten Frühjahr die Luft im Rosental. Dieses befindet sich in der geografischen Mitte Bulgariens und erstreckt sich 200 km östlich von Sofia im Süden des Balkangebirges bis nach Kazanlak, der »Hauptstadt der Rosen«. Die leich-

> Ätherische Öle von bester Qualität sind sehr teuer und zunehmend bei Spitzenköchen beliebt.

ten, sandigen Waldböden und das feuchte Klima im Frühjahr lassen die aus Syrien stammenden alten Ölrosen dort besonders gut gedeihen.

SCHÖNES WETTER – WENIG ÖL

Im Rosental freut man sich im Mai und Juni über Regentage und bedeckten Himmel. Denn Wolken und Feuchtigkeit tragen dazu bei, dass sich die kurze Blüte und die Erntezeit länger hinziehen und die Rosen besonders reich an ätherischem Öl sind. Intensive Sonneneinstrahlung lässt nämlich das kostbare Gut verdunsten; 70 % der Duftstoffe verflüchtigen sich in der Sonne bis zum Abend. Bei Großhandelspreisen von einigen Tausend Euro für einen Liter Rosenöl, für dessen Herstellung drei bis fünf Tonnen Blüten nötig sind, schlägt die Verdunstung sehr stark zu Buche.

Das bedeutet für die 2.000 Pflückerinnen und Pflücker von Kazanlak, sehr früh am Morgen auf den Feldern zu sein, wenn der Duftgehalt in den taufrischen Blüten am höchsten ist. Gegen zehn Uhr vormittags sei Schluss, erklären die Schwestern Jula und Jannica, die seit dreißig Jahren Blüten im Akkord pflücken. Pro Tag bringt es jede auf durchschnittlich 35 kg Blüten. »Die Blütenblätter sind für Maschinen viel zu zart«, sagt Jula, »der Mensch lässt sich beim Ernten zum Glück nicht ersetzen«. Seit 300 Jahren hat der Rosenanbau in Bulgarien Tradition. 1820 entstand in Kazanlak das erste Rosenhandelshaus, heute beherrscht bulgarisches Rosenöl mit 80 % Marktanteil den Weltmarkt und gilt als bestes Rosenöl überhaupt. Zwei Drittel des bulgarischen Rosenöls gehen nach Frankreich, wo Parfumhersteller wie Chanel, Dior oder Givenchy zu den Abnehmern zählen. Die Anbauflächen und Nachfrage aus der Süßwaren-, Tabak- und Parfümindustrie nehmen weiter zu. Die Türkei, Ägypten, Marokko, Indien, Moldawien, die Ukraine oder Frankreich kultivieren ebenfalls Damaszener Rosen.

WERTVOLLER ALS GOLD

Echtes Rosenöl wird durch Wasserdampfdestillation gewonnen. Die Blüten werden in riesigen Kesseln in entmineralisiertem Wasser eingeweicht, von unten durch Wasserdampf erwärmt und anschließend destilliert. Die ätherischen Verbindungen der Blüten steigen im Wasserdampf auf, wandern durch Kühlschlangen und kondensieren als fettes Wasser, das das grüne Öl enthält, das hochwertigste und am intensivsten duftende Rosenöl. Ein weiterer Destillationsvorgang trennt das schwächer duftende gelbe Öl vom Rosenwasser, dem stark verdünnten Rosenöl.

Rosenöl bzw. -wasser spielt in arabischen, orientalischen sowie einst unter arabischem Einfluss stehenden Kulturen kulinarisch eine größere Rolle als in Nord- und Mitteleuropa. Sie finden sich in pikanten wie süßen Gerichten, wie in marokkanischen Taubenpasteten oder Couscous, in spanischem Milchreis, indischem Pudding oder sizilianischen Makkaroni. Auch Marzipan, das seinen Ursprung als »Haremskonfekt« in Persien hat, verdankt sein Aroma den Destillaten der Rose.

Inzwischen sind experimentierfreudige Köche in Berlin, Paris oder London auf den Duftstoff aufmerksam geworden, wie überhaupt ätherische Öle in der Küche an Beliebtheit gewinnen. Bulgarische Bauern haben sich bereits auf eine größere Nachfrage eingestellt und bauen neben der Rose auch Lavendel, Bergamotte, Melisse und Minze zur Herstellung ätherischer Öle an.

Ingrid Schindler

Aprikosentarte mit Parfait und Marillenöl

Diese feine Tarte wird extravagant durch eine österreichische Ölspezialität.

ZUBEREITUNGSZEIT ca. 45 Min.
TIEFKÜHLZEIT ca. 5–6 Std.
FÜR DEN ÖLANSATZ 7 Tage

FÜR DAS MARILLENÖL
¼ l Erdnussöl • 100 g getrocknete Marillen (oder Aprikosen) • ½ TL gestoßener Szechuan-Pfeffer • ½ Vanilleschote

FÜR DAS APRIKOSENPARFAIT
2 sehr frische Eier • 60 g Zucker • 120 g entsteinte Aprikosen • 250 g geschlagene Sahne

FÜR DIE APRIKOSENTARTES
4 runde Blätterteigscheiben (Ø 10 cm) • 10 vollreife, feste Aprikosen (oder Marillen) • 4 TL brauner Zucker • 3–4 EL Marillenöl

MARILLENÖL
frisch herstellen

(1) Getrocknete Marillen klein würfeln. Bei Verwendung von frischen Marillen diese vierteln, entsteinen und bei max. 60 °C Umluft mit leicht geöffneter Ofentüre 15 bis 20 Stunden trocknen lassen, dann zerkleinern.

(2) Marillenstücke, Pfeffer und Vanille in das Öl geben. Mindestens 7 Tage an einem dunklen, kühlen Ort ziehen lassen. Das Öl durch ein Sieb abgießen.

1. Das Marillenöl herstellen, wie in der Bildfolge beschrieben. Das Aprikosenparfait am Vortag herstellen. Dazu Eier und Zucker über dem heißen Wasserbad aufschlagen, dann das Wasserbad entfernen und die Masse kaltschlagen.

2. Die entsteinten Aprikosen im Mixer pürieren. Das Aprikosenpüree und die geschlagene Sahne vorsichtig unter die Schaummasse heben und in kleine Formen füllen. Über Nacht tiefkühlen.

3. Für die Aprikosentartes die Blätterteigscheiben messerrückendick ausrollen und mit einer Gabel gleichmäßig einstechen. Die Aprikosen halbieren, entkernen, in 1 cm dicke Spalten schneiden und kreisförmig leicht überlappend auf den Blätterteig legen. Dabei einen fingerbreiten Rand frei lassen.

4. Den Blätterteigrand mit dem braunen Zucker bestreuen und mit dem Marillenöl beträufeln. Die Tartes im vorgeheizten Ofen bei 220 °C (Ober-/Unterhitze) etwa 12 bis 15 Minuten backen und sofort servieren. Das Parfait aus den Formen stürzen und separat dazureichen oder mit auf den Teller neben die heiße Tarte geben.

S. 34
WARENKUNDE Erdnussöl

Süßspeisen und Gebäck

Tartelettes mit getrockneten Orangen und süßer Basilikumhollandaise

ZUBEREITUNGSZEIT
ca. 1 Std. 20 Min.
TROCKENZEIT ca. 6 Std.

FÜR DIE
GETROCKNETEN ORANGEN
4 Orangen • 1 Limette • 2–3 EL flüssiger Honig

FÜR DIE TARTELETTES
1 Eigelb • 250 g Schmand
1 Msp. geriebene Tonkabohne (oder das Mark von 1 Vanilleschote) • 4 Tartetteförmchen (Ø 10–12 cm) • Butter für die Förmchen • 250 g Blätterteig (Kühltheke)

FÜR DIE BASILIKUMHOLLANDAISE
1 Eigelb • 1 EL Zucker
3 EL Weißwein • 60 ml Basilikumöl (S. 182) • 10 Blätter Basilikum

S. 51
WARENKUNDE Basilikumöl

1. **Für die getrockneten Orangen** die Orangen filetieren und auf ein Backblech legen. Die Limette heiß abwaschen, trockenreiben und die Schale fein abreiben. Den Limettenabrieb und den Honig über die Filets verteilen und diese im Ofen 5 bis 6 Stunden bei 60 °C Umluft trocknen.

2. **Für die Tartelettes** den Backofen auf 190 °C (Ober-/Unterhitze) vorheizen. Das Eigelb und den Schmand miteinander verrühren und mit Tonkabohne (am besten reibt man Tonkabohne über die Muskatreibe) abschmecken. Die Tarteletteförmchen dünn mit Butter ausstreichen und mit dem Blätterteig auslegen. Die getrockneten Orangenfilets kreisförmig auf den Teig legen und mit dem Tonkaschmand bedecken. Im vorgeheizten Ofen etwa 20 Minuten backen.

3. **Für die Basilikumhollandaise** das Eigelb mit dem Zucker und dem Wein über dem heißen Wasserbad schaumig schlagen (die Masse sollte dabei eine Temperatur von 65 °C erreichen). Das Basilikumöl leicht erwärmen und unter ständigem Rühren zum Eierschaum geben. Das Öl dabei erst tröpfchenweise, später in dünnem Strahl einlaufen lassen. Gut die Hälfte des Basilikums in Streifen schneiden, vor dem Anrichten unter die Hollandaise ziehen und diese mit den übrigen 4 Basilikumblättern dekorieren.

Rosmarinöl-Creme auf Zwetschgensuppe

Die Nocken aus luftiger Creme haben ein zart-duftendes Rosmarin-Aroma.

ZUBEREITUNGSZEIT ca. 1 Std.
KÜHLZEIT ca. 4 Std.
FÜR DEN ÖLANSATZ 10 Tage

FÜR DAS ROSMARINÖL
3 Zweige Rosmarin • 60–70 ml Olivenöl

FÜR DIE ROSMARINÖL-CREME
2 sehr frische Eigelbe • 60 g Zucker • 4 Blatt Gelatine • 1 cl Rum • 100 g Mascarpone 50 g Sahne • 2 Eiweiße • 2–3 EL Rosmarinöl

FÜR DIE ZWETSCHGENSUPPE
500 g reife Zwetschgen • 150 g Zucker 600 ml trockener Weißwein • 1 Vanilleschote ½ Zimtstange • 4 Blätter Gelatine • 3–4 cl Zwetschgenwasser • Rosmarin zum Garnieren

ROSMARINÖL
selbst herstellen

(1) Den Rosmarin waschen, trockenschütteln und die Nadeln von den Zweigen zupfen. In ein Glas geben.

(2) Das Öl über die Rosmarinnadeln gießen, sodass diese bedeckt sind. Das Glas dicht verschließen und mindestens 10 Tage ziehen lassen. Durch ein Sieb abgießen.

1. Das Rosmarinöl herstellen, wie in der Bildfolge beschrieben. Für die Rosmarinöl-Creme die Eigelbe mit 3 EL Zucker schaumig schlagen, bis die Masse eine fast weiße Farbe bekommen hat. Die Gelatine in kaltem Wasser einweichen, dann tropfnass in einen kleinen Topf geben, den Rum zufügen und die Gelatine bei geringer Hitzezufuhr auflösen. Die aufgelöste Gelatine unter den Mascarpone rühren.

2. Die Sahne steif schlagen. Das Eiweiß mit dem übrigen Zucker schaumig schlagen, indem Sie das

Eiweiß kurz anschlagen und dann den Zucker langsam zugeben. Das Rosmarinöl in die Masse mit Mascarpone und Gelatine einrühren, dann zuerst die Eigelbcreme und danach den Eischnee und die Sahne unterheben. Die Masse in eine Schüssel geben, mit Folie abdecken und im Kühlschrank etwa 4 Stunden fest werden lassen.

3. Für die Zwetschgensuppe die Zwetschgen waschen und entkernen. In der Zwischenzeit den Zucker in einem Topf schmelzen, bis er eine goldgelbe Farbe bekommen hat. Dann mit dem trockenen Weißwein ablöschen und das Ganze zugedeckt mit der ausgekratzten Vanilleschote und der Zimtstange 3 Minuten schwach köcheln lassen.

4. Die Zwetschgen in den Weinsud geben und 10 Minuten schwach köcheln lassen. Mit einem Mixer pürieren und durch ein feines Sieb passieren. Die Gelatine in kaltem Wasser einweichen. Das Zwetschgenwasser leicht erwärmen. Die Gelatine ausdrücken, im warmen Zwetschgenwasser auflösen und unter die pürierten Zwetschgen rühren. Die Masse auf Eis kaltrühren.

5. Vor dem Servieren die Zwetschgensuppe nochmals mit dem Mixer aufschäumen und anschließend in Teller geben. Von der Rosmarinöl-Creme mit einem angefeuchteten Esslöffel Nocken abstechen und auf der Zwetschgensuppe anrichten. Nach Belieben mit Rosmarin garnieren.

REZEPTE

Süßspeisen und Gebäck

Apfelkrapfen in Earl-Gray-Erdnussöl

ZUBEREITUNGSZEIT ca. 3 Std. 30 Min.
FÜR DEN ÖLANSATZ 3 Std.

ZUTATEN
½ l Erdnussöl • 100 g Earl Gray Schwarztee • 1 Vanilleschote • 100 g Mascarpone • Saft einer ½ Zitrone 50 g Zucker • 200 ml Bier (Helles) • 2 cl Strohrum 300 g Mehl • 1 Prise Salz • 3 Eier • 2 knackige Äpfel (z. B. Granny Smith) • Mehl zum Bestauben • 1 TL Wasabipulver (Asia-Laden) • 4 TL Puderzucker

1. Das Erdnussöl auf 40 °C erwärmen, den Tee hineingeben und das Ganze 3 Stunden ziehen und dabei langsam abkühlen lassen. Den Tee absieben, das ablaufende Teeöl auffangen. Die Vanilleschote aufschlitzen und das Mark herauskratzen. Den Mascarpone mit 3 EL Teeöl, Zitronensaft, Vanillemark und 2 EL Zucker glatt rühren und kühl stellen. Aus Bier, Rum, Mehl, Salz und Eiern einen glatten Pfannkuchenteig rühren. Den Rest des Teeöls auf Frittiertemperatur (160–170 °C) bringen.

2. Die Äpfel schälen, das Kernhaus herausstechen und das Fruchtfleisch in Ringe schneiden (4 pro Apfel). Die Apfelringe mit Mehl bestauben, mit einer Gabel durch den Biertieg ziehen und im Teeöl goldgelb ausbacken. Das Wasabipulver mit dem Puderzucker vermischen und auf die warmen Apfelringe sieben. Zum Servieren je einen Löffel Mascarpone in die Mitte der Apfelringe geben. Statt Äpfel eignen sich auch Pflaumen und anstelle von Mascarpone passt ein Kokos-Schwarzteeeis.

S. 34
WARENKUNDE Erdnussöl

S. 73
KÜCHENPRAXIS Frittieren

ANHANG
Öle und ihre Verwendung

Welches Öl passt wozu?

Ob Direktöl, raffiniert oder aromatisiert: Öle sind vielfältig einsetzbar. Die Verwendungsmöglichkeiten im Überblick.

ARGANÖL	Für die kalte Küche (Salate, Rohkost), zum Würzen.
AVOCADOÖL	Für die kalte Küche, zum Dünsten und Braten. Für Salate und Marinaden.
ARGAN-WATTLESEED-ÖL	Passt zu Selleriesalat, Jakobsmuscheln, Rehfilet, Pastinakenpüree und Apfelstrudel mit Vanilleeis.
BÄRLAUCHÖL	Für die kalte Küche (Salate, Dips und Marinaden).
BASILIKUMÖL	Für die kalte Küche (Salate, Tomaten), zum Würzen.
BUCHECKERNÖL	Für die kalte Küche und zum Würzen. Zu Salaten, Suppen, Wild, Fisch, Pilzen und Süßspeisen.
CHORIZOÖL	Für deftige Salate, Meeresfrüchte und Tapas.
DISTELÖL	Für die kalte Küche, zum Dünsten und Abschmecken. Für Salate und Müsli.
ERDMANDELÖL	Für Salate, Suppen, Süßspeisen, Gebäck.
ERDNUSSÖL	Für die kalte Küche, zum Dünsten, Backen, Braten, Grillen und Frittieren. Für Salate.
FENCHELÖL	Für die kalte Küche. Für Salate und Ölmischungen.

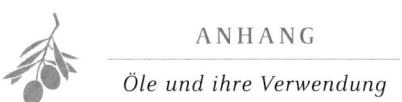

ANHANG
Öle und ihre Verwendung

GEWÜRZÖL	Zum Marinieren von Fleisch, Fisch und Gemüse.
HAGEBUTTENKERNÖL	Für die kalte Küche (Salate, Rohkost, Dips).
HANFÖL	Für die kalte Küche und zum Dünsten.
HASELNUSSÖL	Für die kalte Küche, zum Dünsten, Braten und Würzen. Für Salate, Fisch, Teigwaren, Kuchen, Gebäck.
HIMBEERÖL	Für Salate und zu Geflügel, Süßspeisen und Gebäck.
INGWERÖL	Für die kalte Küche (Salate, Gemüse, Dips).
KAMILLENÖL	Zum Marinieren und Confieren. Passt zu Geflügel, Wildgeflügel und Fisch.
KNOBLAUCH-CHILI-ÖL	Zum Marinieren, Dünsten, Kochen und Braten. Passt zu Fleisch, Wild, Geflügel, Kartoffeln und Brot.
KOKOSÖL	Zum Backen, Braten und Frittieren.
KORIANDERSAMENÖL	Zum Würzen von Saucen, Gemüse und Süßwaren.
KRÄUTERÖL	Für die kalte Küche (Salate, Rohkost, Dips), zum Dünsten und zum Würzen (Teigwaren, Gemüse).
KÜRBISKERNÖL	Für die kalte Küche und zum Würzen. Für Salate, Rohkost, Suppen, Fondue, Gemüse, Reis und Teigwaren.
LAVENDELÖL	Passt zu Lamm, Kürbis, Kartoffeln und Süßspeisen.
MANDELÖL	Für die kalte Küche. Passt gut zu Salaten, Rohkost, Fisch, Krustentieren, Käse, Früchten und Gebäck.

ANHANG

Öle und ihre Verwendung

MARILLENÖL (ODER APRIKOSENKERNÖL)	Für die kalte Küche und zum Würzen. Für Salate, Saucen, Marinaden, Desserts und Feingebäck.
MINZÖL	Zum Würzen. Passt zu Salat, Gemüse, Meeresfrüchten, Lamm, Wild, Rindfleisch, Teigwaren und Süßspeisen.
OLIVENÖL	Für die kalte Küche, zum Marinieren, Dünsten und Braten.
PEKANNUSSÖL	Zu Reis, Fisch, Schalentieren, Salat und Süßspeisen.
PISTAZIENKERNÖL	Für die kalte Küche. Für Salate, zu Fisch, Räucherfisch und Meeresfrüchten sowie zu Eis.
RAPSÖL	Für die kalte Küche, zum Dünsten, Braten und Frittieren.
ROSENBLÜTENÖL	Zum Marinieren, Confieren und Dünsten. Passt zu Geflügel, hellem Fleisch, Fisch und Meeresfrüchten.
ROSMARINÖL	Zum Dünsten, Braten und Würzen. Passt zu Fleisch, Wildgeflügel, Gemüse, Kartoffeln, Grillgerichten.
SENFÖL	Zum Würzen und Kochen in der indischen und bengalischen Küche.
SESAMÖL	Für die kalte Küche, zum Dünsten, Braten, Kochen und Würzen. Zu Fleisch, Fisch, Gemüse, Tempura, Sojagerichten und in der asiatischen Küche.
SOJAÖL	Für die kalte Küche, zum Dünsten, Braten und Frittieren.
SONNENBLUMENÖL	Für die kalte Küche (Salate, Rohkost, Dips, Mayonnaise). Zum Dünsten, Braten und Frittieren.

ANHANG
Öle und ihre Verwendung

STERNANISÖL	Zum Marinieren, Würzen, Dünsten und Braten. Passt zu Geflügel, Gemüse und Teigwaren.
TEESAMENÖL	Für die kalte Küche, zum Marinieren, Dünsten, Braten.
TOMATENKERNÖL	In der kalten Küche. Für Salate und Vorspeisen, insbesondere in der steirischen Küche verbreitet.
TRAUBENKERNÖL	Für die kalte Küche (Salate, Rohkost, Dips) und zum Dünsten, Braten und Frittieren.
TRÜFFELÖL	Zum Würzen und Verfeinern von Salaten, Suppen, Saucen, Teigwaren, Reis, Eier- und Pilzgerichten.
VANILLEÖL	Für die kalte Küche, zum Dünsten und Würzen. Passt zu Tomatengerichten, Jakobsmuscheln, Süßspeisen.
WACHOLDERÖL	Zum Würzen. Passt zu Pilzgerichten, Gemüse und Wild.
WALNUSSÖL	Für die kalte Küche und zum Würzen. Für Salate, Wurzelgemüse, in der französischen Küche.
WEIZENKEIMÖL	Für die kalte Küche. Für Salate, Rohkost und im Müsli.
ZEDERNNUSSÖL	Für die kalte Küche, zum Kochen und Backen. Für Salat, Rohkost, Früchte, helles Fleisch und Geflügel.
ZITRONEN-ROSMARIN-ÖL	Für die kalte Küche. Zum Dünsten und Würzen. Passt zu Fleisch, Geflügel, Gemüse und Grillgerichten.
ZITRUSFRUCHTÖL	Für die kalte Küche (Salate, Rohkost, Dips), zum Dünsten und Würzen. Passt zu hellem Fleisch, Geflügel, Fisch, Gemüse und Süßspeisen.

Bezugsquellen für Öle

www.argan-oel-shop.de
Bietet Arganöl-Warenkunde, Bücher sowie Argan-Hautpflegeöl sowie Argan-Speiseöl in kleinen Flaschen.

www.arom-as.com
Naturreines natives Zedernnussöl im 100 ml Fläschchen bis zum 5 l Kanister für Großkunden.

www.artisane.de
Produkte aus der Provence, z. B. ätherische Blüten- und Kräuteröle sowie verschiedene Pflegeprodukte auf deren Basis.

www.barrique.com
Online-Shop für hochwertige Olivenöle, aromatisierte Öle wie etwa Chili-Öl, Limettenöl, Kräuteröl, Knoblauchöl oder verschiedene Nuss- und Samenöle.

www.bosfood.de
Feinkost-Versand mit großem Angebot von Ölen aus aller Welt, unter anderem Weizengrasöl, Raps-, Argan-, Soja- und Olivenöle sowie Orangen- oder Basilikumöl. Bietet auch ausgefallene Rezeptzutaten an, wie Maltodextrose, Wattleseeds, tiefgekühlte Finger Limes etc.

www.burger-leinoel.de
Wissenswertes zum Thema Leinöl und Online-Bestellung von kalt gepresstem Leinöl auch in Bioqualität und mit Lignan in 100 ml sowie 250 ml Flaschen.

www.cretan-life.de
Qualitätsgeprüfte Naturprodukte aus Kreta, wie etwa »Extra Native Olivenöl« von der 500 ml Flasche bis zum 5 l Vorrats-Kanister.

www.das-oelhandelskontor.de
Große Auswahl an hochwertigen Olivenölen, aromatisierten Ölen, Nuss- und Kernölen aus aller Welt.

www.delitrade.de
Delikatessen-Online-Shop mit hochwertigen Olivenölen, Graumohnöl, Blaumohnöl oder Traubenkernöl.

www.derbusch.at
Auswahl an verschiedenen Speiseölen und Bio-Speiseölen wie etwa Arganöl, Hanföl, Graumohnöl, Kürbiskernöl, Marillenkernöl, Macadamianussöl oder Erdmandelöl.

www.die-amphore.de
Olivenöle der höchsten Güteklasse aus Griechenland und Kreta, unter anderem wertvolles Tropföl oder auch Zubehör wie Olivenöl-Kannen zum Aufbewahren und Ölgießer.

www.dragonspice.de
Über 140 Sorten an ätherischen Ölen. Synthetische Öle, Wirkstofföle und über 30 reine Öle wie Avocadoöl kalt gepresst und raffiniert oder Bio-Kokosöl kaltgepresst.

www.fargano.de
Feine Auswahl an Duftölen, Speise- und Hautölen wie Argan-, Schwarzkümmel-, Granatapfelkern- und Traubenkernöl.

Finefoods-online.com
Feinkost-Versand mit einem großen Öl-Angebot, etwa Hanföl, Granatapfelkernöl, Kokosöl, Krustentieröl, Lavendelöl, Macadamianussöl, Pflaumenkernöl, Rauchöl, Senföl, Schwarzkümmelöl und Waldpilzöl.

ANHANG
Bezugsquellen für Öle

www.gourmantis.de
Feinkost-Versand mit Spezialitäten aus aller Welt, etwa Glacé-Öle, Hummeröl, Rauchöl, Graumohnöl, Pistazienöl oder Trüffelöl.

www.gourmondo.de
Hochwertige kalt gepresste Öle, unter anderem Hanföl, Haselnussöl, Kaffeeöl, Knoblauchöl, Kürbiskernöl, Macadamianussöl, Mohnöl, Pistazienöl und Reisöl. Auch kleine Probier-Sets in 100 ml Fläschchen.

www.hanfwaren.de
Alles aus Hanf. Körper- und Massageöle sowie Speise-Hanföle von 100 ml bis 500 ml in Bioqualität.

www.jordanolivenoel.de
Infos, Tipps und Rezepte zu Olivenöl. Bestell-Shop für mehrfach ausgezeichnete Öle der griechischen Insel Lesbos von der 250 ml Flasche bis zum 5 l Kanister.

www.morgiane.de
Native Olivenöle Extra aus Italien, Spanien, Portugal, Griechenland und Kreta sowie einige ausgefallenere Öle wie Aprikosenkernöl, Arganöl, Borretschöl oder Schwarzkümmelöl aus biologischem Anbau.

www.oelmuehle-solling.de
Große Auswahl an kalt gepressten Speiseölen, hochwertigen Kräuter- und Gewürzölen, Pflanzenölen, Ölen für die Naturkosmetik sowie Geschenkideen zum Thema Öl.

www.oeldorado.de
Online-Shop für ausgesuchte hochwertige Olivenöle verschiedener Anbauregionen Europas. Unterteilt in mild, mild-fruchtig bis intensivfruchtig. Auch Probier- und Geschenksets sind erhältlich.

www.olive-e-piu.com
Olivenöle aus Nord-, Mittel- und Süditalien, Frankreich, Spanien, Portugal und Griechenland. Prämierte Olivenöle, aromatisierte Olivenöle (z. B. Olivenöl mit Limonen-, Orangen- oder Basilikum-Auszügen, Olivenöl mit Kardamomsamen) sowie Nuss- und Kernöle, wie etwa Hanföl, Haselnussöl, rotes und weißes Traubenkernöl, Macadamianussöl, Mandelöl oder auch Walnussöl.

www.schaetzeausoesterreich.at
Online-Shop mit hochwertigen Speiseölen wie Arganöl, Erdmandelöl, Steirischem Kürbiskernöl, Marillenkernöl oder Haselnussöl.

www.vinos.de
Hochwertige Olivenöle aus Spanien und aromatisierte Olivenöle vom spanischen Starkoch Ferran Adrià, Mitbegründer der Molekularküche und einer der einflussreichsten Köche der Gegenwart.

www.vomfass-freising.de
Ladengeschäfte in München und Freising mit Feinkost und verschiedenen Produkten aus dem Fass: Neben Distel-, Raps- und Olivenölen auch Spezialitäten, wie etwa Argan-, Chili-, Erdnuss-, Haselnuss-, Kräuter-Knoblauch-, Kürbiskern-, Mandel-, Nachtkerzen-, Trüffel- und Wildrosenöl. Keine Online-Bestellung.

www.wasgau-oelmuehle.de
Schonend gepresste Speiseöle wie Leinsamen-, Mariendistel-, Walnuss- und Traubenkernöl sowie ausgewählte Bio-Speiseöle wie Leindotter-, Raps- und Hanföl.

www.zentrum-der-gesundheit.de
Portal für Ernährungsheilkunde und –beratung mit einem breiten Sortiment an geprüften, hochwertigen Naturprodukten, unter anderem Mariendistel-, Kokos-, Hanf-, Weizenkeim- und Leindotteröl.

ANHANG

Register

A

Abtropföl 64
Ackersenföl 48
Ananas-Kokos-Kürbissuppe mit Kürbiskern-Macadamia-Pesto 92
Apfelkrapfen in Earl-Grey-Erdnussöl 177
Aprikosenkernöl 43
Aprikosentarte mit Parfait und Marillenöl 170
Arachidonsäure 13
Arganöl
  Arganöl 40, 54, 178
  In Arganöl marinierte Lammkeule 131
  Rucolaschaum mit Argan-Wattleseed-Öl 94
  Argan-Wattleseed-Öl 94, 178
Aromatisierte Öle 51
Artischockencarpaccio mit Estragonöl 100
Ätherische Öle 12, 56
Avocadoöl 34, 37, 178

B

Babassunussöl 42
Bärlauchöl
  Bärlauchöl 51, 178
  Bärlauchöl selbst herstellen 113
  Blutwurst-Bete-Salat mit Bärlauchöl 113
  Wildkräuterpesto 151
Basilikumhollandaise, süße 172
Basilikumöl
  Basilikumöl 51, 178
  Süße Basilikumhollandaise 172
  Basilikumpesto, süßes 164
Bauernsalat mit Mohn-Öl-Dressing 103
Baumwollsamenöl 48
Biologisch-dynamischer Anbau 63
Bittermandelöl 56
Bleichvorgang 33
Blütenöle 57

Blutwurst-Bete-Salat mit Bärlauchöl 113
Braten mit Öl 73
Brennnesselsamenöl 48
Bucheckernöl 43, 55, 178
Buttersäure 13

C, D

Cameliakernöl 50
Cappuccino von Roter Bete mit Wodka und Sesamöl 89
Caprinsäure 13
Capronsäure 13
Caprylsäure 13
Carabinieros in Chorizoöl 120
Chili-Erdnuss-Reis 134
Chiliöl 51
Chili-Safran-Rouille 82
Chorizoöl 120, 178
Chufaöl 37
Cis-Fettsäuren 17
Confieren in Öl 72
Cottonöl 48
Coulis von Fingerlimes 152
Crêpes 163
Dattel-Couscous 131
Desodorierung 33
Dillöl 76
Direktöl 51
Distelöl
  Distelöl 43, 70, 178
  Koriander-Cashew-Pesto 82
  Waldorfsalat mit Macadamianussöl 109
Doppelbindungen 13

E

Einlegen in Öl 72
Entsäuerung 33
Entschleimung 32
Erdbeer-Tomaten-Öl selbst herstellen 154
Erdmandelöl 34, 37, 178
Erdnussöl

Apfelkrapfen in Earl-Grey-Erdnussöl 177
Aprikosentarte mit Parfait und Marillenöl 170
Artischockencarpaccio mit Estragonöl 100
Chili-Erdnuss-Reis 134
Erdnussöl 24, 136 f., 178
Erdnussöl-Ingwer-Vinaigrette 124
Gewürzöl 135
Himbeeröl 76, 179
Holunderblütenöl 76, 144
Ingwermöhren mit Kumquatöl 105
Kalbstafelspitz in Erdnussöl-Ingwer-Vinaigrette 124
Marillenöl 170
Putensteaks in Gewürzöl 134
Saiblingsfilet in Holunderblütenöl 144
Erhitzen von Öl 73 f.
Erstpressung 64
Erucasäure 13
Essentielle Fettsäuren 13
Estragonöl
  Artischockencarpaccio mit Estragonöl 100
  Estragonöl selbst herstellen 100
Estragonschaum 146
Extraktion 26, 32

F, G

Fenchelöl 48, 178
Fenchel-Orangenöl
  Fenchel-Orangenöl frisch herstellen 152
  Limonen-Beurre blanc 152
Fenchelsuppe mit Zitronenölschaum 90
Fettbegleitstoffe 13, 15 f.
Fettsäuren 13
Focaccia mit Zitronen-Rosmarinöl 116
Fraktionierung 32 f.
Frankfurter Mayonnaise 81
Freie Fettsäuren 33
Frittieren in Öl 73
Fruchtöle 34 f.

ANHANG

Register

Gamma-Linolensäure 43
Gefüllte Poulardenbrust mit Zitronen-
 Olivenöl-Hollandaise 132
Gesättigte Fettsäuren 13
Geschmacksträger 7
Geschützte geografische Angabe 63
Gesundheitswert 16
Getrocknete Orangen 160, 172
Gewürzöl frisch herstellen 135
Gewürzöle 51, 134 f., 179
Glasnudelsalat mit Tamarindenöl 106
Grillöl 51
Güteklassen für Olivenöl 64 f.

H

Hagebuttenkernöl 48, 179
Haltbarkeit 66 f.
Handelswert von Ölen 33
Hanföl 43, 179
Haselnussöl
 Haselnussöl 38 ff., 179
 Nussöl-Vinaigrette 81
Heilbutt, pochierter, mit Rosen-
 blütenöl 146
High-Oleic-Öl 47, 74
High-Oleic-Sonnenblumenöl 47
Himbeeröl
 Himbeeröl selbst herstellen 76, 179
 Topfensoufflé mit Himbeeröl 159
Holunderblütenöl frisch herstellen 144
Hopfenblütenöl frisch herstellen 126
Hummeröl
 Hummeröl 114
 Meeresfrüchtesalat mit
  Hummeröl 114
Hüttenkäse-Ravioli mit Kaffeeöl 140
Hydraulische Presse 22 ff.

I, J

In Arganöl marinierte Lammkeule 131
Ingwermöhren mit Kumquatöl 105
Ingweröl 76, 179
Ingwervinaigrette 80
Inka-Erdnuss-Öl 42

Jakobsmuscheln in Kokosöl 123
Jungfernöl 22

K

Kaffeeöl frisch herstellen 141
Kalbstafelspitz in Erdnussöl-Ingwer-
 Vinaigrette 124
kalt gepresst 63 f.
Kalt gepresste Öle 74
Kamillenöl 138, 179
Karamellorangen mit Crêpes 163
Kartoffel-Stockfisch-Püree mit
 Wildkräuterpesto 151
Keimöl 38, 68 f.
Kerbelwurzelpüree 128
Knoblauch-Aioli 82
Knoblauch-Chili-Öl 77, 179
Knoblauchöl 51
Kokos-Minz-Parfait 167
Kokosöl
 Jakobsmuscheln in Kokosöl 123
 Kokosöl 34, 37, 179
Kontrolliert biologischer Anbau 63
Koriander-Cashew-Pesto 82
Koriandersamenöl 48, 179
Kräuter- und Aromaöle 51
Kräuteröle 51, 77, 179
Kreuzkümmel-Gremolata 90
Krustentieröl: Meeresfrüchtesalat
 mit Hummeröl 114
Kumquatöl
 Ingwermöhren mit
  Kumquatöl 105
 Kumquatöl frisch herstellen 105
Kürbiskern-Macadamia-Pesto 92
Kürbiskernöl
 Kürbiskern-Macadamia-Pesto 92
 Kürbiskernöl 43, 69, 98 f., 179
 Kürbiskernöl-Ravioli 97
 Mango-Kürbissuppe 93
 Stielmussuppe mit Kürbiskernöl-
  Ravioli 97
kurzkettige Fettsäuren 13

L

Lammkeule, in Arganöl mariniert 131
langkettige Fettsäuren 13
Langusten und Auberginen in
 frischem Minzöl 156
Laurinsäure 13
Lavendelöl 57, 179
Leindotteröl 49
Leinsamenöl 46
Limettenöl 51
Limonen-Beurre blanc 152
Linolensäure 13
Linolsäure 13

M

Macadamianussöl
 Macadamianussöl 39
 Macadamianussöl-Mayonnaise 109
 Waldorfsalat mit Macadamia-
  nussöl 109
Madiaöl 49
Maiskeimöl
 Maiskeimöl 38
 Meeresfrüchtesalat mit Hummeröl 114
Mandelöl
 Mandelöl 40, 179
 Nussöl-Vinaigrette 81
Mango-Kürbissuppe 93
Mango-Pekannuss-Pesto 83
Margarine 24
Mariendistelöl 49
Marillenöl
 Aprikosentarte mit Parfait
  und Marillenöl 170
 Marillenöl 43, 180
 Marillenöl frisch herstellen 170
Marinieren 72
Marulaöl 49
Mayonnaise 78, 81
Mechanische Pressung 26 f.
Meeresfrüchtesalat mit Hummeröl 114
Minzöl 57, 156, 180
Minzöl, ätherisches: Kokos-Minz-
 Parfait 167

ANHANG

Register

mittelkettige Fettsäuren 13
Mohnöl 46
Myristinsäure 13

N

Nachtkerzenöl 49
nativ 64
Native Öle 27
Natives Olivenöl 65
Natives Olivenöl extra 65
Naturbelassene Öle 26 f.
Nigeröl 49
Nussöle 39
Nussöl-Vinaigrette 81

O

Öl einkaufen 62
Ölausbeute 24, 27
Öle aromatisieren 75 ff.
Öle zum Braten 74
Öle zum Dünsten 74
Ölgewinnungsmethoden 26 f.
Ölhandel 23
Olivenernte 29
Olivenöl
    Chili-Safran-Rouille 82
    Fenchel-Orangenöl 152
    Fenchelsuppe mit Zitronenöl-schaum 90
    Focaccia mit Zitronen-Rosmarinöl 116
    Knoblauch-Aioli 82
    Knoblauch-Chili-Öl 77
    Kräuteröl 77
    Olivenöl 20 f., 28 f., 34 f., 41, 64 f., 68, 70, 180
    Petersfisch in Fenchel-Orangenöl 152
    Ravioli-Teig 97
    Rosmarin-Öl 172
    Rosmarinöl-Creme auf Zwetschgensuppe 172
    Salsa verde 83
    Tapenade 83
    Vanilleöl selbst herstellen 77
    Zitronen-Rosmarinöl 116
Oliventresteröl 65

Öllagerung 66
Ölpflanzen 26
Ölsäure 13
Öltrübung 66
Omega-Fettsäuren 15
Ootangaöl 51
Orangenöl
    Fenchel-Orangenöl 152
    Karamellorangen mit Crêpes 163
    Orangenöl 57
    Petersfisch in Fenchel-Orangenöl 152
Orangenpuder 152

P, Q

P/S-Quotient 13, 16
Palmitinsäure 13
Palmitoleinsäure 13
Palmöl 34, 37, 52
Papayasalat 124
Paranussöl 42
Pekannussöl
    Mango-Pekannuss-Pesto 83
    Pekannussöl 42, 180
Perillaöl 50
Petersfisch in Fenchel-Orangenöl 152
Pflanzenöl 64
Pilze in Wacholderöl 110
Pinienkernöl
    Pinienkernöl 39
    Trauben-Sellerie-Salat mit Pinienkernöl 87
Pistazienkernöl 39, 54, 180
Pochierter Heilbutt mit Rosenblütenöl 146
Poulardenbrust, gefüllte, mit Zitronen-Olivenöl-Hollandaise 132
Pressrückstand 27
Putensteaks in Gewürzöl 134
Qualitätskriterien 63 ff.

R

Raffination 32 f.
Rapsöl
    Ananas-Kokos-Kürbissuppe mit Kürbiskern-Macadamia-Pesto 92

Bärlauchöl 113
Bauernsalat mit Mohn-Öl-Dressing 103
Blutwurst-Bete-Salat mit Bärlauchöl 113
Frankfurter Mayonnaise 81
Hopfenblütenöl 126
Hüttenkäse-Ravioli mit Kaffeeöl 140
Ingweröl 76
Ingwervinaigrette 80
Kaffeeöl 140
Kamillenöl 138
Langusten und Auberginen in frischem Minzöl 156
Mango-Kürbissuppe 93
Minzöl 156
Rapsöl 43, 69, 71, 180
Schellfisch aromatisiert in Senfsaat 150
Schweinefilet mit Hopfenblütenöl 126
Sternanisöl 110
Wacholderöl 110
Wachtelbrüste in Kamillenöl 138
Zucchini in Sternanisöl auf Pilzen in Wacholderöl 110
Rauchöl 51
Reiskeimöl 38
Rinderfilet-Tataki mit Sesamölsalsa 119
Risotto mit Trüffeln 143
Rohöl 32
Rosenblütenöl 146 f., 180
Rosenöl 167 ff.
Rosenöl, ätherisches: Vanilleeis mit Rosenöl und karamellisierten Pistazien 167
Rosmarinöl 51, 174, 180
Rosmarinöl-Creme auf Zwetschgensuppe 172
Rote-Bete-Caprese 89
Rucolaschaum mit Argan-Wattleseed-Öl 94

S

Saiblingsfilet in Holunderblütenöl 144
Salatöl 64
Salsa verde 83
Samen- und Kernöle 42 ff.

ANHANG

Register

Sättigungsgrad 13
Sauerrahmeis 164
Scha-Inchi-Öl 42
Schellfisch aromatisiert in Senfsaat 150
Schwarzkümmelöl 57
Schweinefilet mit Hopfenblütenöl 126
Sekundäre Pflanzenstoffe 16
Senföl 50, 180
Sensorische Merkmale 65 f.
Sesamöl
    Cappuccino von Roter Bete mit Wodka und Sesamöl 89
    Chili-Erdnuss-Reis 134
    Rindsfilet-Tataki mit Sesamölsalsa 119
    Rote-Bete-Caprese 89
    Sesamöl 46 f., 180
    Sesamölsalsa 119
Shisoöl 50
Sojaöl
    Carabinieros in Chorizoöl 120
    Chorizoöl 120
    Sojaöl 37, 180
Sonnenblumenöl
    Erdbeer-Tomaten-Öl 154
    Glasnudelsalat mit Tamarindenöl 106
    Holunderblütenöl 76
    Mango-Pekannuss-Pesto 83
    Pochierter Heilbutt mit Rosenblütenöl 146
    Rindsfilet-Tataki mit Sesamölsalsa 119
    Rosenblütenöl 146
    Sonnenblumenöl 47, 180
    Spanferkel in Tonkabohnenöl 128
    Tomaten-Koriander-Sud 154
    Tonkabohnenöl 128
    Vanilleöl 163
    Zander confiert in Erdbeer-Tomaten-Öl 154
Sortenbezeichnung 62
Spanferkel in Tonkabohnenöl 128
Speiseöl 62, 64
Stearidonsäure 13
Stearinsäure 13
Steinpilzöl
    Steinpilzöl 51
    Steinpilzrisotto 143

Sternanisöl 110, 181
Stielmussuppe mit Kürbiskernöl-Ravioli 97
Süße Basilikumhollandaise 172
Süßes Basilikumpesto 164

T

Tafelöl 62, 64
Tamarindenöl
    Tamarindenöl 106
    Tamarindenöl-Vinaigrette 106
Tapenade 83
Tartelettes mit getrockneten Orangen und süßer Basilikumhollandaise 172
Teesamenöl 50, 181
Tigernussöl 37
Tomate und Mozzarella mit Basilikumpesto und Vanilleöl 164
Tomatenkernöl 50, 181
Tomaten-Koriander-Sud 154
Tonkabohnenöl frisch herstellen 128
Topfensoufflé mit Himbeeröl 159
Trans-Fettsäuren 17
Traubenkernöl
    Glasnudelsalat mit Tamarindenöl 106
    Mayonnaise 81
    Traubenkernöl 43 ff., 71, 181
    Zitrusfruchtöl 77
Trauben-Sellerie-Salat mit Pinienkernöl 87
Tropföl 19, 64
Trüffelöl
    Risotto mit Trüffeln 143
    Trüffelöl 51, 181

U, V

Ungesättigte Fettsäuren 13
Universalöle 74
Vanilleeis mit Rosenöl und karamellisierten Pistazien 167
Vanilleöl
    Tomate und Mozzarella mit Basilikumpesto und Vanilleöl 164
    Vanilleöl 77, 164, 181
Vinaigrette 78 ff.
Vorpressen 26

W

Wacholderöl 110, 181
Wachtelbrüste in Kamillenöl 138
Waldorfsalat mit Macadamianussöl 109
Walnussöl 39, 55, 69, 181
Warmpressung 27, 32
Wassermelonenkernöl 51
Weiße Schokoladenmousse mit Zitrusfruchtölemulsion 160
Weizengrasöl 51
Weizenkeimöl 38, 181
Wildkräuterpesto 151
Wildrosenöl 48
Winterisierung 32 f.
Würzjoghurt 131

Z

Zander confiert in Erdbeer-Tomaten-Öl 154
Zedernnussöl 42, 181
Zitronenöl
    Fenchelsuppe mit Zitronenölschaum 90
    Kreuzkümmel-Gremolata 90
    Poulardenbrust, gefüllte, mit Zitronen-Olivenöl-Hollandaise 132
    Zitronenöl selbst herstellen 90
    Zitronenölschaum 90
Zitronen-Rosmarinöl 116, 181
Zitrusfruchtöl
    Weiße Schokoladenmousse mit Zitrusfruchtöl-Emulsion 160
    Zitrusfruchtöl 77
Zitrusöle 57
Zucchini in Sternanisöl auf Pilzen in Wacholderöl 110
Zwetschgensuppe 174

UNSERE SPITZENKÖCHE ...

BERND AROLD

Zu Recht wird Bernd Arold als Meister fantasievoller Gerichte bezeichnet, der spielerisch mit den verschiedensten Kräutern und Gewürzen umgeht und dabei spannende kulinarische Kreationen schafft. Nach Stationen unter anderem in den »3 Stuben« als Schüler von Stefan Marquard in Meersburg, bei »Käfer« und im »Lenbach« in München setzt er seit Juli 2008 neue kulinarische Maßstäbe in seinem eigenen Restaurant »Gesellschaftsraum« in München.

MARKUS BISCHOFF

Seinen Ruf als hervorragender Koch begründete Markus Bischoff durch seine Arbeit in Spitzenrestaurants wie etwa Eckart Witzigmanns »Aubergine« in München. Sein außergewöhnlicher Stil mit asiatischen, aber auch bayerischen und italienischen Akzenten brachte ihm unzählige Auszeichnungen: Der Gault Millau verlieh ihm 17 Punkte, sein Restaurant schmückte sich mit einem Michelin-Stern. Heute verwöhnt er Gourmets im edlen Clubrestaurant »Bischoff« der Dekra-Hauptverwaltung in Stuttgart.

ALEXANDER DRESSEL

Wichtige Karriereschritte legte Alexander Dressel im Restaurant »La Pergola« (drei Michelin-Sterne), im »Cavalieri Hilton« in Rom, im Berliner »Borchardt« (14 Punkte Gault Millau) und im »Schwarzen Adler« in Kitzbühel zurück. Heute ist er Küchenchef und Direktor im Hotel »Bayerisches Haus«, Potsdam. Er versteht es, traditionelle deutsche Gerichte mediterran zu veredeln: Der Guide Michelin verlieh ihm einen Stern und »Der Feinschmecker Hotel & Restaurant Guide 2007« ehrte Alexander Dressel mit 2,5 F.

UNSERE SPITZENKÖCHE ...

CHRISTOPH DUBOIS

Als ein »Koch mit hohen Ansprüchen« sammelte er seine Erfahrungen in zahlreichen renommierten Restaurants wie der »Ente« im Wiesbadener Hotel Nassauer Hof, als Küchenchef im schottischen »Kinnaird Estate« sowie als Privatkoch in London und Österreich. 2008 erfüllte er sich mit der Eröffnung des »Kochatelier Bonn« einen lang gehegten Traum und lässt Hobbyköche seither hautnah an seinen exquisiten und vielseitigen Kochkünsten teilhaben (Informationen unter www.kochatelier-bonn.de).

GERD EIS

Nach seiner Tätigkeit im »Le Val d'Or« bei Johann Lafer arbeitete er sieben Jahre lang in Spitzenrestaurants in Phuket, Bangkok und Hongkong, bis er als Meister der asiatischen Küche in seine Heimat zurückkehrte. In den Folgejahren begeisterte er als Chef de Cuisine im First-Class-Restaurant »Ente« in Wiesbaden mit leichter, weltoffener Küche und wurde für seine Kreationen mit einem Michelin-Stern sowie mit 17 Punkten von Gault Millau ausgezeichnet. Heute gibt Gerd Eis Kochkurse, ist als Privatkoch tätig sowie als Berater.

TANJA GRANDITS

Die Sterneköchin pflegt ihre Aromenküche als Chefin des legendären »Restaurant Stucki« in Basel. Neben hervorragenden Grundprodukten gilt ihre Aufmerksamkeit vor allem den Gewürzen, Farben und Texturen ihrer Gerichte. Nach der Ausbildung im Hotel »Traube-Tonbach« folgten Stationen in London, Südfrankreich und der Schweiz. 2006 wurde sie von Gault Millau zur »Köchin des Jahres«, 2010 zum »Aufsteiger des Jahres« gekürt. Sie hat 17 Punkte im Gault Millau, 1 Michelin-Stern und 3,5 F des Feinschmeckers.

UNSERE SPITZENKÖCHE ...

DAMIEN KLEIN

Damien Klein »rockt« die Küche. Seine Spezialität sind Rezepte mit ausgefallenen und ungewohnten Zutaten, die dem Gast außergewöhnliche Geschmackserlebnisse bescheren. Das Handwerkszeug erwarb er in Sterneküchen, wie in Harald Wohlfahrts »Schwarzwaldstube« in Baiersbronn, bei Paul Bocuse und bei Alain Ducasse. 2004 bekam er mit »Fast Food« seine eigene Kochsendung auf einem luxemburgischen Musiksender und zeigte dort, wie man sich auch mit einem kleinen Budget in der Küche kreativ austoben kann.

TIM RAUE

Nach seiner Ausbildung war er im Gourmet-Restaurant »La Mer« in Hamburg, im »Quadriga« im Hotel »Brandenburger Hof« in Berlin und als Küchenchef der »Kaiserstuben« und des Restaurants »44« des »Swissôtels Berlin« erfolgreich. 2007 wurde er vom Gault Millau zum »Koch des Jahres« gekürt und 2008 mit 18 Punkten ausgezeichnet. Der Guide Michelin verlieh ihm einen Stern. Seit Juni 2008 ist er Küchenchef im Adlon-Palais mit den Restaurants »Ma Tim Raue«, »Uma« und der Bar »Shochu« in Berlin-Mitte.

ANDREAS SCHWEIGER

Er steht für eine junge, kreative frische Küche. Nach seiner Ausbildung zum Koch war er unter anderem in Vincent Klinks »Restaurant Wielandshöhe", im Londoner Hotel Dorchester und bei Holger Stromberg im »Mandarin Oriental« in München tätig. Nach Stationen als Küchenchef leitet er seit 2006 in München sein eigenes Restaurant, das »Schweiger2«. In seinen Gerichten kombiniert Andreas Schweiger gekonnt traditionelle Rezepte mit unkonventionellen Zutaten. Das wurde 2009 mit einem Michelin-Stern belohnt.

UNSERE SPITZENKÖCHE ...

BERND SIENER

Für seine exzellente Ausbildung hat er die halbe Welt bereist. Hierzulande arbeitete er u. a. für Heinz Winkler im »Tantris« in München und im Hotel »Traube-Tonbach« bei Harald Wohlfahrt. Heute verwöhnt er seine Gäste im Restaurant »Bel Etage« (1 Michelin-Stern) in Marburg mit einer saisonalen Produktküche, die Einflüsse der mediterranen und asiatischen Esskultur aufgreift. Dafür verlieh ihm der Feinschmecker 2008 3,5 F, der Focus zählte ihn zu den 50 besten deutschen Küchenchefs.

HANS STEFAN STEINHEUER

Nach Stationen im »Gut Schwarzenbruch«, Stolberg, Hotel »Erbprinz«, Ettlingen und den »Schweizer Stuben« in Wertheim-Bettingen übernahm er das Gasthaus seiner Eltern in Bad Neuenahr-Heppingen, die »Poststuben«. In Steinheuers Restaurant »Zur Alten Post« erkochte er sich zwei Michelin-Sterne und wurde vom Gault Millau mit 19 Punkten geehrt. Steinheuer wurde auch unter die »Top Ten Köche« gewählt. »Der Feinschmecker Hotel & Restaurant Guide 2007« zeichnete ihn mit höchstmöglichen 5 F aus.

KLAUS VELTEN

»Kochen ist Kommunikation. Kochen verbindet.« Sätze wie diese spiegeln Klaus Veltens Einstellung zu seinem Beruf wider. Nach langjährigen Stationen im Bonner Restaurant »Herrenhaus Buchholz« und als Privatkoch für die Adelsfamilie Graf von Bismarck und die Milliardärin Heidi Horten, war Velten bisher nicht nur in über 50 Kochsendungen im TV zu erleben, sondern führt seit 2008 mit Christoph Dubois auch seine eigene Kochschule in Bonn-Bad Godesberg (Informationen unter www.kochatelier-bonn.de).

IMPRESSUM

Ein Unternehmen der
GANSKE VERLAGSGRUPPE

Verlag	© 2010 TEUBNER Grillparzerstr. 12, D-81675 München TEUBNER ist ein Unternehmen des Verlagshauses GRÄFE UND UNZER, GANSKE VERLAGSGRUPPE leserservice@graefe-und-unzer.de www.teubner-verlag.de
Projektleitung	Claudia Bruckmann
Redaktion	Bärbel Schermer
Konzept	Sonja Ott-Dörfer
Korrektorat	Edigna Hackelsberger
Bildredaktion	Claudia Bruckmann, Verena Erhart
Sonderseiten	Margarethe Brunner, Ingrid Schindler
Herstellung	Susanne Mühldorfer
Beratung	Bernd Arold
Rezepte	Bernd Arold, Markus Bischoff, Alexander Dressel, Christoph Dubois, Gerd Eis, Tanja Grandits, Damien Klein, Tim Raue, Andreas Schweiger, Bernd Siener, Hans Stefan Steinheuer, Klaus Velten
Fotografie	Matthias Hoffmann, Delmenhorst und Frauke Koops – Produktion, Styling, Foodstyling (Geesthacht b. Hamburg) und siehe Bildnachweis unten
Gestaltungskonzept	Independent Medien-Design (München)
Layout und Satz	Marion Feldmann
Reproduktion	Repromayer, Reutlingen
Druck	Appl, Wemding
Buchbinderei	Conzella, Pfarrkirchen
Auflage/Jahr	1. Auflage 2010
ISBN (13)	978-3-8338-1911-7

Liebe Leserin und lieber Leser,

wir freuen uns, dass Sie sich für ein TEUBNER-Buch entschieden haben. Mit Ihrem Kauf setzen Sie auf die Qualität, Kompetenz und Aktualität unserer Bücher. Dafür sagen wir Danke! Ihre Meinung ist uns wichtig, daher senden Sie uns bitte Ihre Anregungen, Kritik oder Lob zu unseren Büchern. Haben Sie Fragen oder benötigen Sie weiteren Rat zum Thema? Wir freuen uns auf Ihre Nachricht!

Wir sind für Sie da!
Montag – Donnerstag:
8.00 – 18.00 Uhr
Freitag: 8.00 – 16.00 Uhr

Tel.: 0180-5 00 50 54*
Fax: 0180-5 01 20 54*
*(0,14 €/Min aus dem dt. Festnetz/ Mobilfunkpreise maximal 0,42 €/Min)
E-Mail:
leserservice@graefe-und-unzer.de

P.S. Wollen Sie noch mehr Aktuelles von TEUBNER wissen, dann abonnieren Sie doch unseren kostenlosen Genuss-Newsletter und/oder unser kostenloses TEUBNER MAGAZIN.

GRÄFE UND UNZER Verlag
Leserservice
Postfach 86 03 13
81630 München

Wir bedanken uns bei **Manuela Ferling**, Agentur Kochende Leidenschaft (www.kochende-leidenschaft.de), für die Vermittlung der Köche.

PROBEKÖCHE:
Claudia Bruckmann, Verena Erhart, Marion Feldmann, Eva Fischer, Irene Klose, Gudrun Mach, Elfi Münch, Susanne Lang, Sonja Ott-Dörfer, Bärbel Schermer, Gisela Schmid, Dorothee Seeliger, Daphne van der Grinten, Carsten Wittwer/Hampi Schultze

BILDNACHWEIS
S. 14: Claudia Bruckmann; S. 18: akg-images; S. 21: akg-images; S. 22: akg-images; S. 23: mauritius images/age; S. 25: Waldhäusl/Andrea Jungwirth; S. 27: ullstein bild/CARO/Riedmiller; S. 29: Waldhäusl/Harald Theissen; S. 32: mauritius images/Cuboimages; S. 36: akg-images/Erich Lessing; S. 41: Waldhäusl/IB/benjamin redeleit; S. 44: Blickwinkel/I. Weber; S. 69: StockFood/Ellen Silverman; S. 78: Westermann-Studios GbR/Nikolai Buroh; S. 98: Waldhäusl/Panther Media/Alfred Fleschitz; S. 137: Teubner Foodfoto; S. 169: mauritius images/Garden Picture Library.

Alle Rechte vorbehalten. Nachdruck, auch auszugsweise, sowie Verbreitung durch Film, Funk, Fernsehen und Internet, durch fotomechanische Wiedergabe, Tonträger und Datenverarbeitungssysteme jeder Art nur mit schriftlicher Genehmigung des Verlages.